戦国ブリテン

アングロサクソン七王国の王たち

Toshiaki

a pilot of wisdom

プロローグ　やってきた刺客

エオメル参上

四月とはいえまだまだ厳しい寒さが残る、とある北の王国のことです。エドウィン王は首都の王宮から少し離れた別邸で、気の置けない側近たちと過ごしていました。広間の暖炉には薪《まき》が絶えることなくくべられ、樫《かし》の広いテーブルに会した一同には肉や酒がふんだんにふるまわれていました。陽気に、饒舌《じょうぜつ》に語られていく側近である従士《セイン》（Thane）たちの武勇譚《たん》、笑い声……。杯が幾度も交わされながら王と親しい者たちの楽しい語らいと寛《くつろ》ぎの時が過ぎていました。

と、そこに館の従僕が現れ、そっと王の許《もと》に近寄り、来客を告げました。商人風の男がエドウィンに面会を求めてやってきた、と。宴《うたげ》は一旦中断され、王をはじめ、広間に集っていた者たちはぞろぞろと謁見の間に移りました。

ほどなく客人が一人、通されました。謁見の間には、奥の一段高いところに置かれた玉座にエドウィンが腰を下ろし、王の前にはセインたちが人の通路をつくるように、左右二列になって立ち並んでいます。客である男はその中をゆっくり歩いて王の近くに進みよると、恭《うやうや》しく腰をかがめました。

かなり遠いところから来たのでしょう、男が身にまとった外套《がいとう》はあちこち汚れ、擦り切れていました。が、身なりそのものは上品であり、男が裕福な商人であることが見て取れました。体軀《たいく》も堂々としています。男は、はっきりとした声で、自分の名はエオメル、我が主人がエドウィン王の王国と取引を始めたいと強く望んでおり、それを伝えるためにやってきた、と語り始めました。

主《あるじ》からのメッセージを伝える男の弁舌は淀《よど》みなく、明瞭なものでした。男を挟むように立っているセインたちは先ほどまでの宴の余韻がまだ残っているのでしょう、隣同士雑談を交わしながら男の話に耳を傾け、頷《うなず》き合っています。

そのときです。突然男は立ち上がり、外套の中に隠し持っていた剣を抜き、王を目がけて突進しました。刺客だったのです。剣には相手を確実に殺すため、毒が塗ってありました。もうあっという間の出来事で、王の側近たちはそのとき誰も防御の盾すら持っていませんでした。

が、反射的に、横っ飛びに、セインのライラが王と男の間に割り入ります。自分を盾にしたのです。そのライラの体を、凄《すご》い力で突き出された剣が貫き、エドウィンの体にも先端がわずかに刺さりました。すぐさま我に返った他のセインたちがどっと男を取り囲み、滅多切りにして殺します。しかし、その最中《さなか》、もう一人のセイン、フォルトヘレが必死で抵抗する男の剣で突かれ、ライラと共に死んでしまったのです。エドウィンは少し苦しんだものの、大事には至りませんでした……。

一体どこの国の事件？

何か、忍ばせた匕首《あいくち》に毒を塗り樊於期《はんおき》将軍の首を持って政《せい》（始皇帝）を暗殺しに秦《しん》の都咸陽《かんよう》に来た刺客荊軻《けいか》を彷彿《ほうふつ》とさせる話です。当然、大切な臣下を二人も殺されたエドウィンは怒りの火球と化し、このエオメルという男を送ってきた相手に大鉄槌《だいてっつい》を下すことになるのですが、なぜ刺客が来ることになったのかという理由を含め、詳しくは本書の第Ⅲ章で語ることとして、そもそもこれは、一体いつ頃の、どこの国の出来事だったのでしょう。

まず「エドウィン」という我々日本人にも馴染《なじ》みのある英語風の名前が出てきました。

一方で、「ライラ」とか「フォルトヘレ」とか、英語というにはちょっと違和感がある名があります。さらに「エオメル」は架空の世界を舞台にした、映画にもなったトールキン（J. R. R. Tolkien 1892-1973）の『指輪物語』に出てくる登場人物の一人と同じ名前です。ということは、これはフィクション、全くの作り話でしょうか。

実はこの暗殺未遂事件、西暦六二六年の四月に、ブリテン島にあったアングロサクソン七王国の一つノーサンブリア王国に起こったとされているものです。舞台となった王の別邸は、このノーサンブリア王国の首都ヨークから少し離れたダーウェント川の近くにありました。この事件は『イングランド人民の教会史』（*Historia ecclesiastica gentis Anglorum*）や『アングロサクソン年代記』（*The Anglo-Saxon Chronicle*）といったイギリスの古い書物に記載されており、ほぼ事実であろうと今日では捉えられています。ここではそれを多少物語風に膨らませています。

ちなみに、『イングランド人民の教会史』（以降、略して『教会史』とします）とは、ノーサンブリア王国に住んでいた修道僧ベーダ（Bede）が七三一年頃に著したものです。ここにはアングロサクソン人の間にキリスト教が広まっていく様子や、七王国の王たちの業績が著者ベーダのキリスト教的善悪観を存分に含んだ物語風に綴《つづ》られています。

一方、『アングロサクソン年代記』（以降、『年代記』と略します）は、七王国の一つで後に統一イングランド王国形成の母体となったウェセックス王国において、アルフレッド大王が命じて九世紀末に編纂《へんさん》が始まった記録書であり、紀元元年から一二世紀頃までのイングランドの出来事が何年に何が起こったという編年体で淡々と記されています。

繰り返しますが、この刺客事件の舞台は古い時代の英国です。そう、ライラ（Lilla）、フォルトヘレ（Forthhere）、エオメル（Eomer）といった聞きなれない名前は古英語（ＯＥ＝Old English）を話していたアングロサクソン時代特有のものです。エドウィン（Edwin）もこの頃は古英語でエアドウィン（Eadwine）と発音されていました。彼は七王国のうち最も北部にあったノーサンブリア王国の強力な王でした。

それにしても刺客に狙われるという、まるでドラマのようなエピソードを持つ王がいたアングロサクソン七王国の時代とは、一体どのようなものだったのでしょう。

招かれたアングロサクソン人

遥《はる》か昔、まだイングランドという言葉も王国もなかった頃、ブリテン島の広汎な地域には、ヨーロッパ大陸のユトランド半島周辺から移ってきたゲルマン人の一支族であるジュ

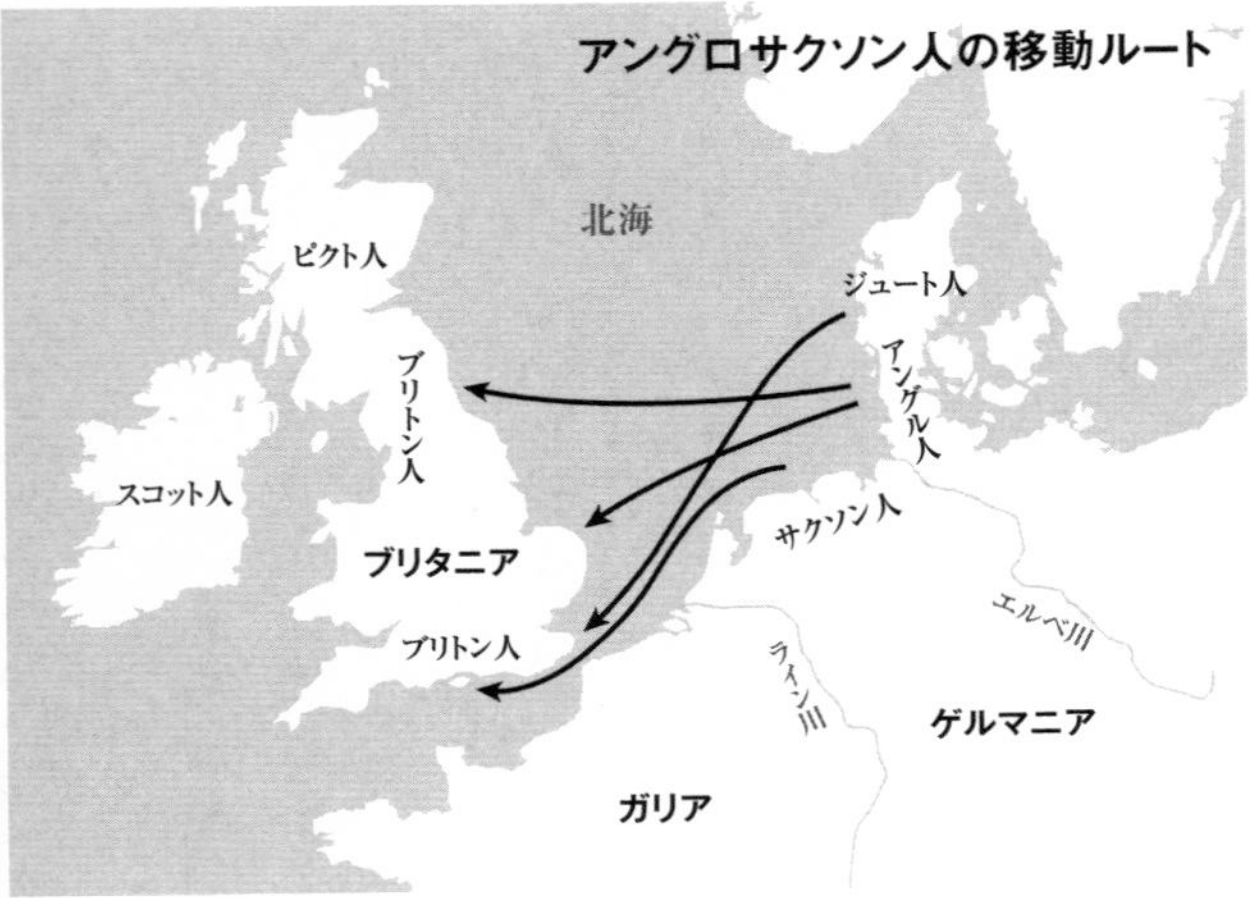

ート人、アングル人、サクソン人たち、すなわち今日アングロサクソン人と総称される人々が築いた複数の王国がありました。それゆえに、それぞれの王国に王がいたという歴史があったのです。六世紀後半から一〇世紀はじめ、英国史にいう「アングロサクソン七王国」（Heptarchy＝ヘプターキー）の時代です。

このアングロサクソン人、「招かれて」ブリテン島にやってきたということになっています。前述の、この時代の根本史料である『教会史』や『年代記』に、そしてもう一つ、九世紀前半にウェールズ人修道僧のネンニウス（Nennius）が著したと伝えられる『ブリトン人の歴史』（*Historia Brittonum*）といった古記録に、そのように書かれているのです。

これらの史料は、ブリトン人のヴォルティゲルンという名の有力な首長が、後にスコットランド[*1]と呼ばれるようになるブリテン島北部から南下して攻めてくるピクト人をやっつけてもらうために、大陸ユトランド周辺地域に住んでいるアングロサクソン人をブリテン島に招いたとしています。ブリテン島南東部の一地域を、『ブリトン人の歴史』によればサネット島を見返りに彼らに与えることで。

もともとブリテン島には、ブリトン人と呼ばれるケルトの人々がいくつもの部族に分かれ広く住んでいました。また、ブリテン島の北部にはピクト人と呼ばれる、今もその実態がよくわかっていない種族や、アイルランドから渡ってきたスコット人と呼ばれるブリトン人とはまた別のカテゴリーのケルト人がいました。

こんなブリテン島がローマ皇帝直轄の属州だった頃、ここにはローマの軍団が常駐していてピクト人の南下をしっかりと抑えていました。しかし約四〇〇年続いたブリテン島のパックス・ロマーナ（ローマの平和）の時代もついに終わり、紀元四一〇年、ローマがこの島から撤退すると、ブリトン人はピクト人の攻勢に直面しました。慌てたブリトン人は、ゲルマンのアングロサクソン人に自分たちを守ってもらおうと頼んだのだと、史料には書かれています。

騙《だま》されたブリトン人

『教会史』や『年代記』の記述を全てそのまま鵜呑《うの》みにすることは危険です。けれども、ブリトン人がアングロサクソン人を呼んだのは、事実だろうと考えられています。そもそも、ローマの軍団には多数のゲルマン人傭兵《ようへい》がいました。ブリテン島にも、距離的に近い大陸ユトランド周辺のアングロサクソン人が多数ローマの傭兵として北方の守備に就いており、体の大きい、組織立って動く彼らの戦闘力の高さはブリトン人も目撃していたはずです。そういった理由から、ローマ撤退後にブリトン人がアングロサクソン人を招いたのは、合理的な判断だと理解できるのです。

かくして『年代記』は四四九年、ヘンギストとホルサという首領兄弟に率いられ、アングロサクソン人戦士が三隻の船でブリテン島にやってきたと記しています。彼らが上陸したイプウィネスフレオットは、今日のケント州エブスフリートであると考えられています。ヘンギストはケント王国の始祖と伝えられる人物です。

『年代記』はまた四九五年に、ウェセックス王国の開祖といわれるアングロサクソン人首領のもう一方の雄セルディックが、息子のキンリックと五隻の船でブリテン島南西部のセルディセソラに、すなわち今日のハンプシャー州の南部付近にやってきたとしています。

五世紀中葉以降、続々とブリテン島にやってきたアングロサクソン人たちは、はじめのうちこそブリトン人との約束通りピクト人を打ち破ります。が、やがて一転、叛旗《はんき》を翻し、ブリトン人への猛烈な攻撃を開始します。それはあたかも当初からの計画通りといった動きでした。サネット島をもらう程度では、新天地ブリテン島に注がれた彼らのたぎる領土欲は、少しも収まらなかったということです。

圧倒的な攻勢の前にブリトン人は押され続け、どんどん土地を奪われていきました。そんな中ブリトン人は、アーサー王の原型と考えられる軍事指揮官アンブロシウス・アウレリアヌスに率いられ、形勢を挽回《ばんかい》した一時期もありました。けれども、結局は力を盛り返したアングロサクソン人に屈する形になっていったのです。

成立したヘプターキー

この、ブリトン人から力ずくで奪い取ったブリテン島の、後にイングランドと呼ばれるようになる広大な地域には、数多くのアングロサクソン人の半国家的な自立勢力が次々と出現しました。そうした勢力は当初二十数個あったということですが、それらは六世紀後半から大きく七つの王国へと収斂《しゅうれん》されていきます。

すなわち、ケント、イーストアングリア、ノーサンブリア（デイラとバーニシアが統合された王国）、マーシア、エセックス、サセックス、ウェセックスのアングロサクソン七王国、ヘプターキーはかくして成立したのです。

これら七王国は、一〇世紀前半までの約四〇〇年間、英雄たちの時空間を現出し、それぞれに抗争を展開しつつ、栄枯盛衰の道をたどっていくことになります。その行程は、まず七王国でいち早く形成されたケント王国が最初に興隆を迎え、次にケント王国に不承不承従っていたイーストアングリア王国が台頭し、次いでデイラ王国とバーニシア王国を統合し出現したノーサンブリア王国が日の出の勢いとなり、八世紀後半の七王国時代中期からはマーシア王国が最盛期を迎えます。

そのマーシアは積年のライバルであるウェセックスと抗争を繰り返し、九世紀前半からはデーン（ヴァイキング）という新たに加わった獰猛《どうもう》な侵略者に蹂躙《じゅうりん》され衰え、最終的に七王国中で唯一残ったウェセックス王国のもと、統一イングランド王国が誕生する流れになります。エセックスとサセックスの両王国は、七王国時代を通じて他の王国に号令する勢いを見せることもなく、おおむねどこかの王国の影響下もしくは支配下にありました。

ブレトワルダの出現

そんな七王国が抗争を繰り広げていた時代、その中からひと際抜きん出て他の王国を支配下に置く強力な王が、たびたび出現しました。そういう、他国の王たちの上に君臨する王を一般的概念で「上王」(Overlord)といいますが、特にこのアングロサクソン七王国時代には、『年代記』に「ブレトワルダ」(Bretwalda)と記された傑出した上王たちが出現しました。日本語では「覇王」と訳されます。ベーダがラテン語で著した『教会史』ではインペリウム(Imperium)という言葉が覇王に相当するものとして使われています。

その覇王は、七王国時代を通じ何人いたのでしょうか。ベーダは『教会史』で七人の覇王を挙げています。時代が早い順にサセックス王国のアエラ、ウェセックス王国のケアウリン、ケント王国のエゼルベルト、イーストアングリア王国のレドワルド、そして冒頭の、刺客に襲われたノーサンブリア王国のエドウィン、同じくノーサンブリア王国のオスワルド、オスウィです。また『教会史』より後に編纂《へんさん》された『年代記』は、『教会史』が挙げた前述の七人を踏襲した上で、ウェセックス王国のエグバートを新たに加え、八人の覇王がいたとしています。

恣意的な？　覇王選出

これらの王たちは本当に覇王と呼ばれるのにふさわしい活躍をし、偉大な業績を残したゆえに、後になって『教会史』や『年代記』にそう記されたのだと理解していいのでしょうか。

そのあたりは大いに疑問が残ります。最初のサセックスのアエラとウェセックスのケアウリンの二人は、実際にいたかどうかも定かではない伝説的な王たちであり、彼らに関する記録もほとんどありません。偉大な王であるという人々の昔からの言い伝えに敬意を表して、『教会史』の著者ベーダがそのまま二人を覇王としたのかもしれません。

ケントのエゼルベルト、イーストアングリアのレドワルド、ノーサンブリアのエドウィンの三人は、覇王としての資格は十分と考えます。けれども、エドウィンと同じノーサンブリアからオスワルドやオスウィまで覇王に挙げられているのは、ちょっと首をかしげたくなります。

また、アングロサクソン七王国で一番大きく、かつエネルギッシュなマーシアからは一人の覇王も選ばれておらず、どうも釈然としません。長大な防塁を築いたり、「全アングル人の王」という統一国家意識をアングロサクソン人として初めて抱いて、かのフランク王国のシャルルマーニュと対等な関係を築いたオッファですら覇王に挙げられていないのです。

八人の王たち

考えるに、『教会史』や『年代記』は編纂に携わった者たちの極めて強い主観の下、著されたといってもいいでしょう。ベーダは信仰心の厚い教会人でしたから、キリスト教の信奉者であるノーサンブリアの王たちを殺したマーシアに好意を寄せることには抵抗があったようです。『教会史』からは、そういう雰囲気が読み取れます。

一方、ウェセックスはオッファの頃にマーシアに痛め付けられました。よって、自分の国からエグバートを覇王に選出することはあっても、マーシアからは出したくなかったのでしょう。

歴史とは、いつも恣意的に書かれるものです。そのことを踏まえ、マーシアの王にも注目しつつ、本書では我が国でほとんど語られてこなかった七王国時代の王たちの中から独自に八人を選び、その生き様を見ていきます。

八人の王たちとは本書に出てくる順に、ケント王国のエゼルベルト、イーストアングリア王国のレドワルド、ノーサンブリア王国のエドウィン、マーシア王国のペンダ、同じくマーシアのオッファ、ウェセックス王国のエグバート、イーストアングリア王国のエドモンド、そしてウェセックス王国のアルフレッドです。

もちろん覇王もいれば、そうではない王もいるこの八人。個性はそれぞれに鮮烈です。家臣に傅《かしず》かれ、優雅に構えていればいい後世の王と比べ、自ら真っ先に戦い、負ければ首を取られた、ブリテン島の「戦国時代」に王国を率いた彼らに、これから肉薄します。

註

＊1　ブリテン島北部地域が今日的な意味でスコットランドと認識されてくるのは一三世紀後半以降であり、本書がテーマとしているヘプターキーの時代においてはスコットランドという呼称はまだない。本書では便宜的にブリテン島北部地域を指す言葉としてスコットランドを用いている。

目次

サトン・フーの船塚から発見された兜のレプリカ
（提供：Alamy/ユニフォトプレス）

I

Ⅳ 覇王になれなかった異教の王
―ペンダ（マーシア王国）―

七王国の時代区分／ケント王の子？／コンウォールを攻める／エランダンの戦い／イーストアングリアの復讐／八番目の覇王がやったこと／略奪経済という時代／「戻ってきた」マーシア／フランクの支援／マーシアと組む理由／ノーサンブリアに竜が飛ぶ／対デーン戦一勝一敗

VII 無数の矢を射られ、ハリネズミのようになって殉教
―セント・エドモンド（イーストアングリア王国）―

老太刀持ちの語り／「大異教徒軍団」の犠牲に／うま味満載の修道院／内陸まで侵入できた理由／困難だったデーンの撃退／兵の多さと機動力で優位／略奪から占領へ／ラグナル・ロズブロークの息子たち／劫略し回るデーン軍／戻ってきたヒングァー／殉教したエドモンド王／王の首を守る狼／金縛りなど、奇跡の数々／そして、アルフレッド大王へ

章扉デザイン・図版作成・レイアウト／MOTHER

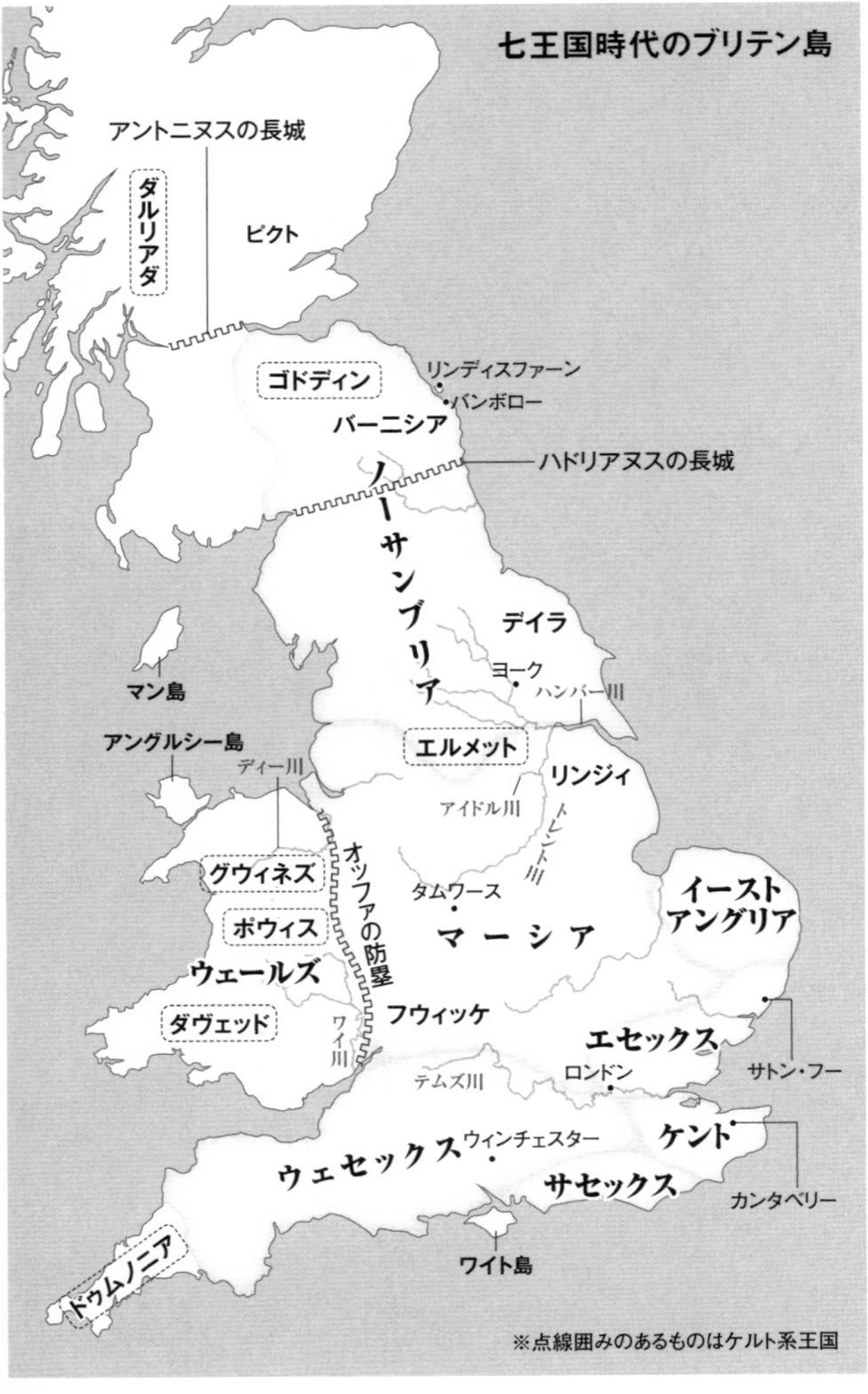
七王国時代のブリテン島
アントニヌスの長城
ダルリアダ
ピクト
ゴドディン
リンディスファーン
バンボロー
バーニシア
ハドリアヌスの長城
ノーサンブリア
デイラ
ヨーク
ハンバー川
マン島
アングルシー島
ディー川
エルメット
リンジィ
アイドル川
トレント川
オッファの防塁
グウィネズ
ポウィス
タムワース
マーシア
イースト
アングリア
ウェールズ
ダヴェッド
ワイ川
フウィッケ
エセックス
サトン・フー
ロンドン
テムズ川
ケント
ウィンチェスター
ウェセックス
サセックス
カンタベリー
ドゥムノニア
ワイト島
※点線囲みのあるものはケルト系王国

八人の王の在位期間

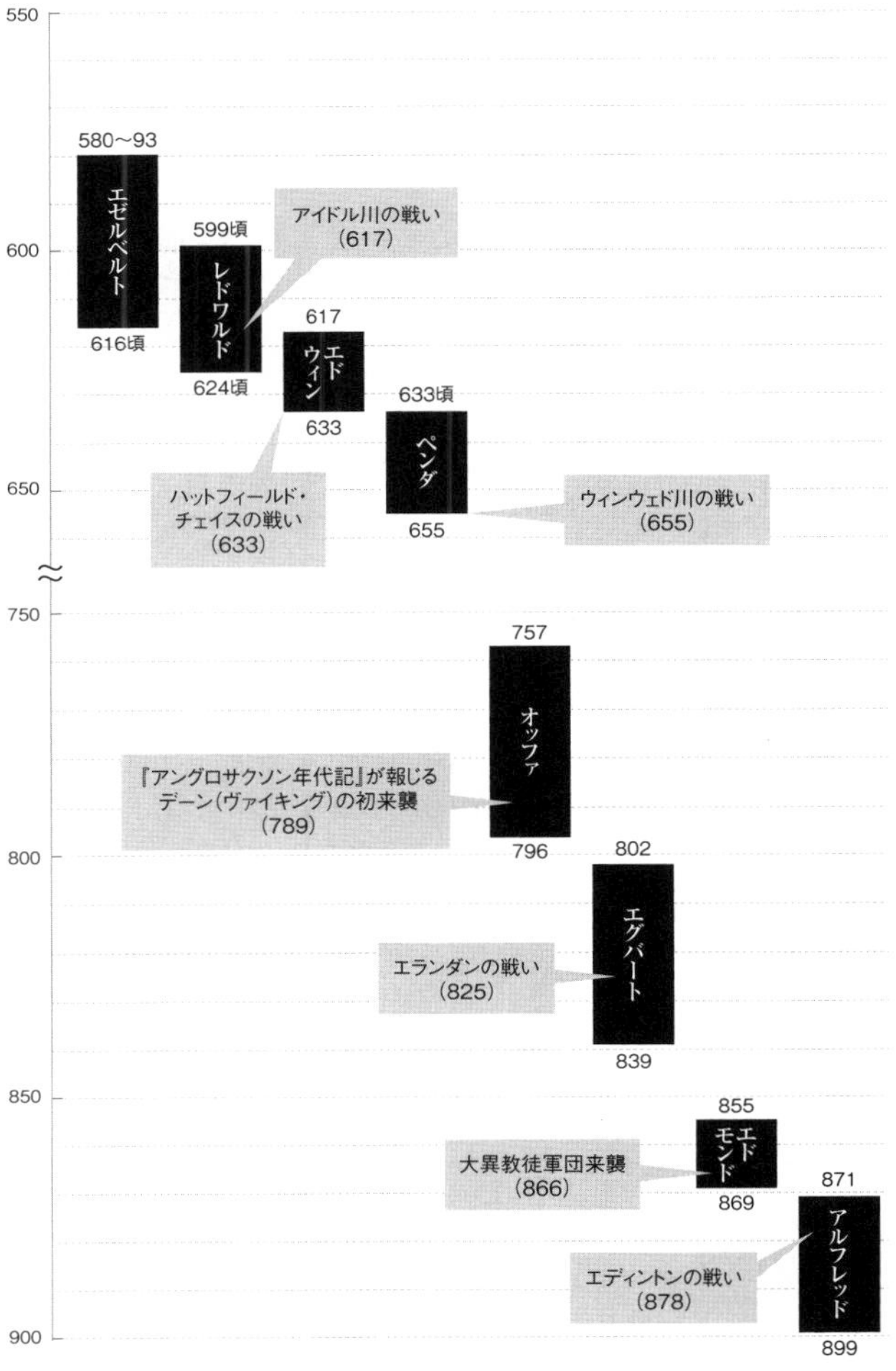

550
600
650
750
800
850
900
580～93
エゼルベルト
616頃
599頃
レドワルド
624頃
アイドル川の戦い
(617)
617
エドウィン
633
ハットフィールド・
チェイスの戦い
(633)
633頃
ペンダ
655
ウィンウェド川の戦い
(655)
757
オッファ
796
『アングロサクソン年代記』が報じる
デーン(ヴァイキング)の初来襲
(789)
802
エグバート
839
エランダンの戦い
(825)
855
エドモンド
869
大異教徒軍団来襲
(866)
871
アルフレッド
899
エディントンの戦い
(878)

ケント王国系図

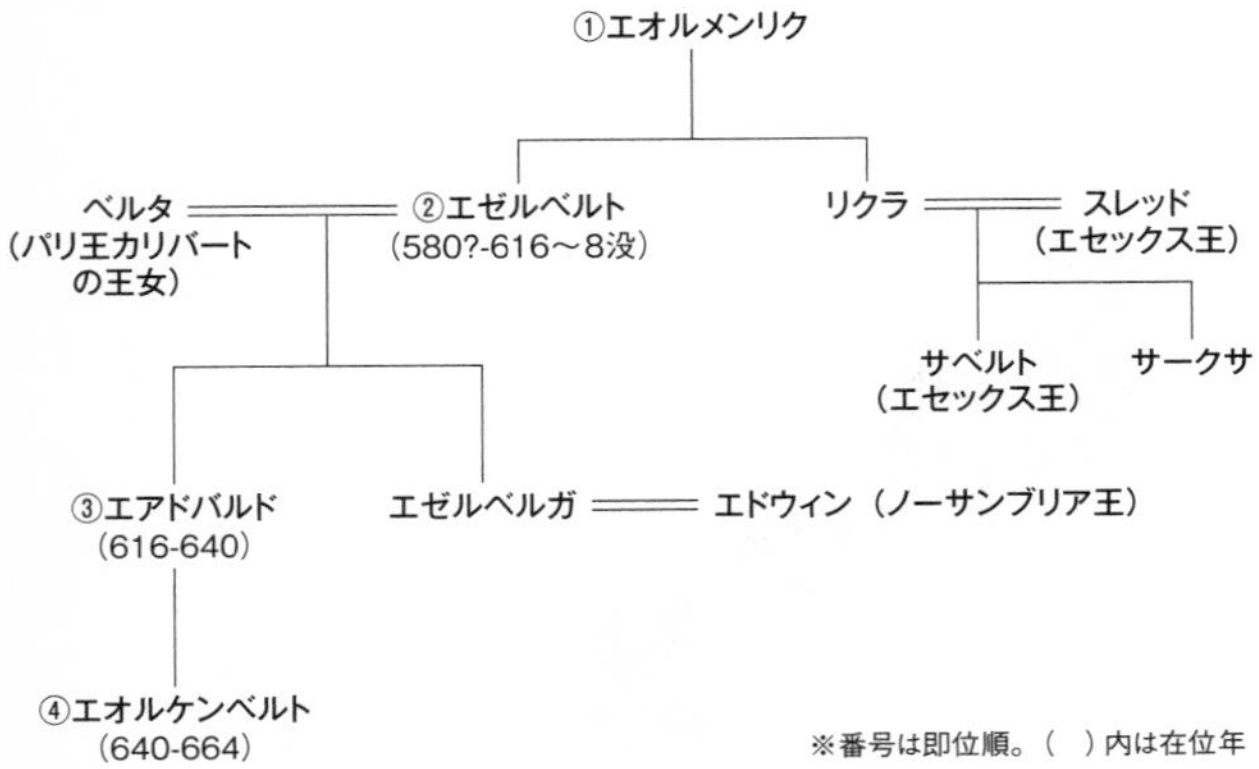

※番号は即位順。（　）内は在位年

ケント王国の王たち

エゼルベルトI世（580?-616～8没）

エアドバルド（616-640）

エオルケンベルト（640-664）

エグバートI世（664-673）

フロスヘレ（673/674-685）

エアドリック（685-687）

ムル（687）

オスウィーネ（688-690）

ウィトレッド（690/691-725）

エゼルベルトII世（725-762）

エアルフモンド（762-764）

ヘアベルト（764-765）

マーシア支配下のケントで叛旗を翻したケント王

エグバートII世（764-785）

エアルフモンド（784）

エアドバルト プレン（796-798）

マーシア支配下の副王

クスレッド（798-807）

ベアルドレッド（823-825）

ウェセックス支配下の副王

エゼルウルフ（825-839）

エゼルスタン（839-851）

エゼルベルトIII世（851-860）

Yorke, Barbara, *Kings and Kingdoms of Early Anglo-Saxon England* をもとに作成

イーストアングリア王国系図

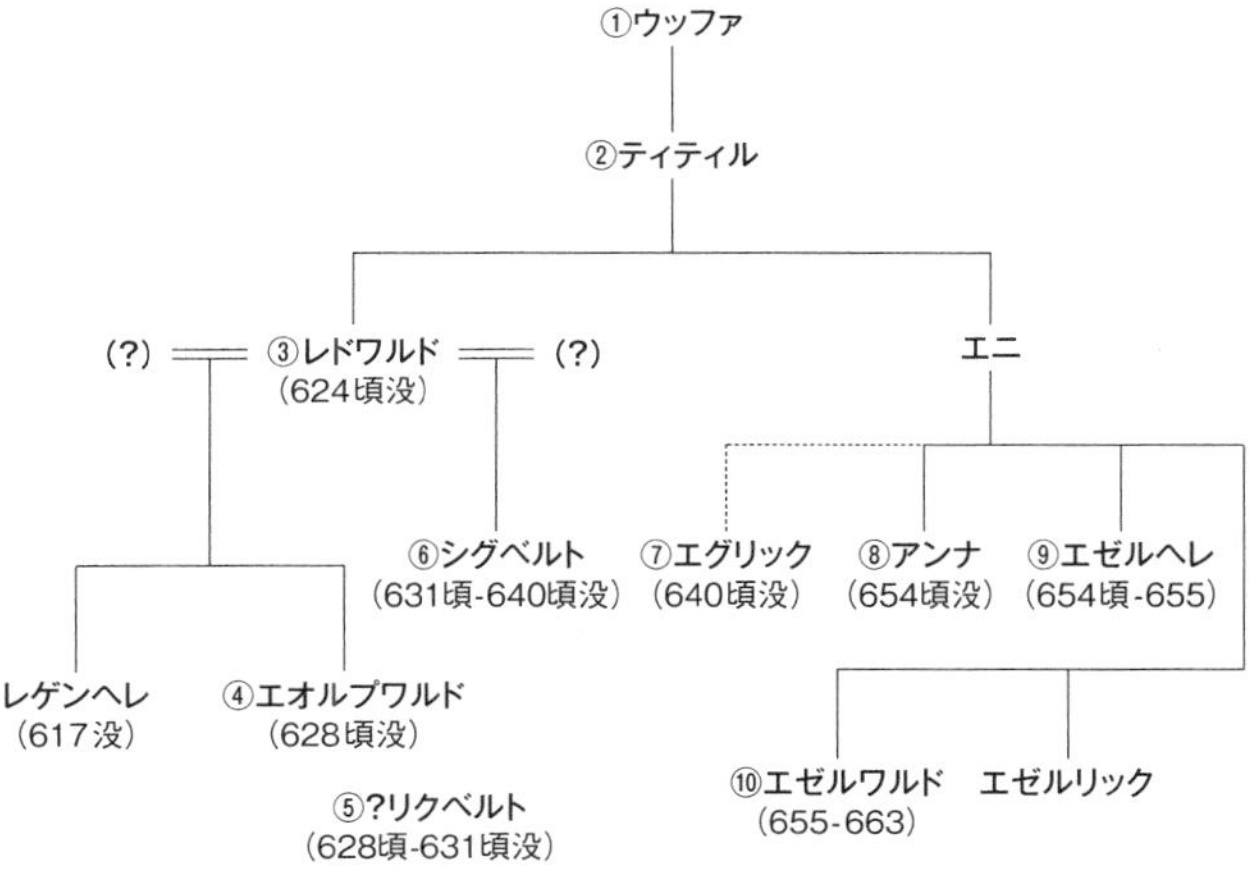

※番号は即位順。（　）内は在位年

イーストアングリア王国の王たち

レドワルド（624頃没）
エオルプワルド（627/628没）
?リクベルト（627/628-630/631）
シグベルト（630/631-640頃没）
エグリック（不明-640頃没）
アンナ（653/654没）
エゼルヘレ（653/654-655）
エゼルワルド（655-663）
アルドウルフ（663-713）
エルフワルド（713-749）
ベオンナ（749）
エゼルレッド（不明）
エゼルベルト（779?-794）
エアドワルド（不明）
アゼルスタン（不明）
エゼルウィアード（不明）
エドモンド（855-869）

Yorke, Barbara, *Kings and Kingdoms of Early Anglo-Saxon England*をもとに作成

ノーサンブリア王国系図

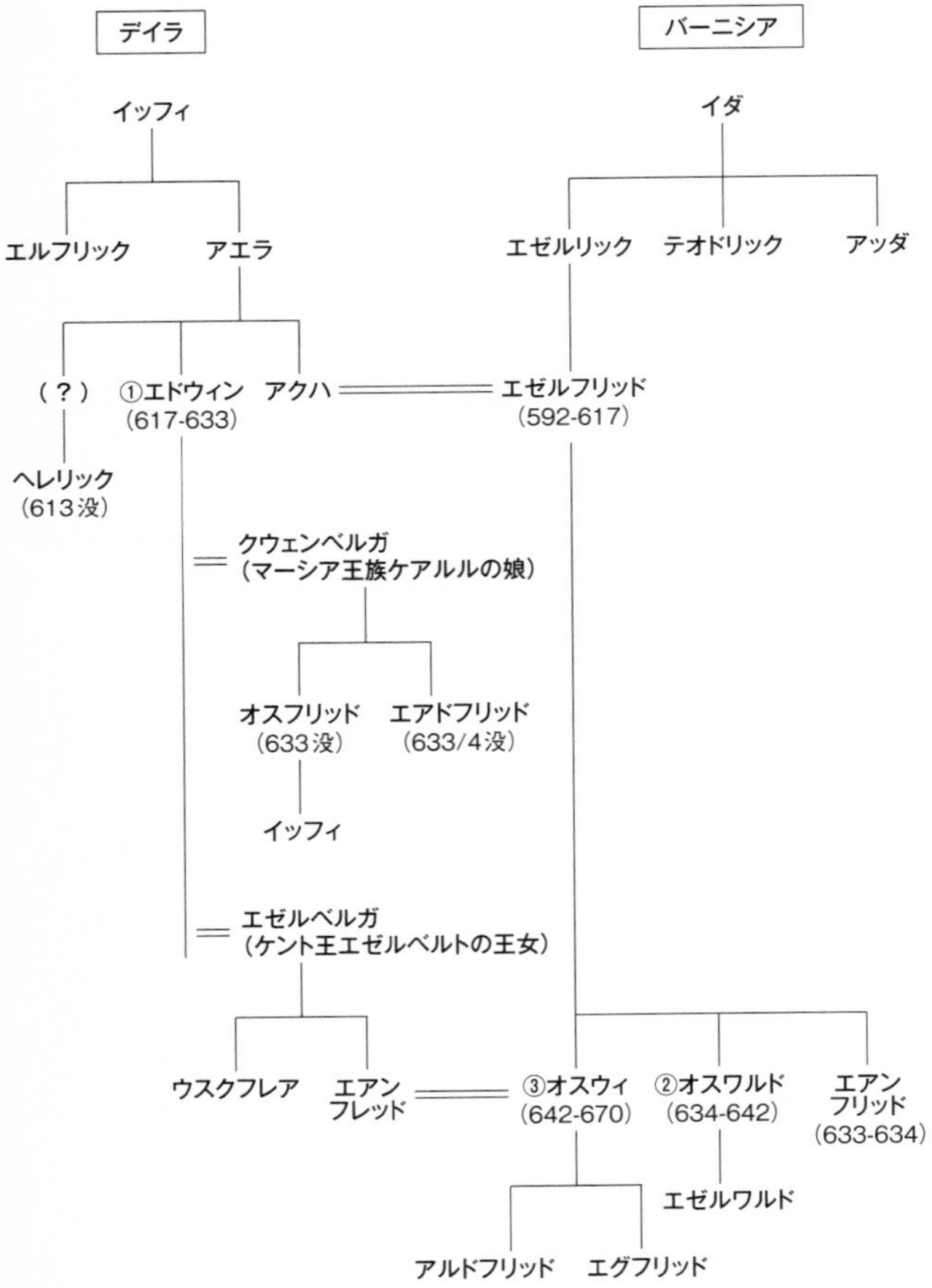

※番号はノーサンブリア王の即位順。（　）内は在位年

ノーサンブリア王国の王たち

エドウィン（617-633）
オスワルド（634-642）
オスウィ（642-670）
エグフリッド（670-685）
アルドフリッド（685/686-705）
エアドウルフ（705/706）
オスレッドⅠ世（706-716）
ケンレッド（716-718）
オスリック（718-729）
ケオルウルフ（729-737）
エアドベルト（737-758）
オスウルフ（758）
エゼルウォルド・モル（758-765）
アルヘレド（765-774）
エゼルレッドⅠ世（1）（774-779）
エルフウォルドⅠ世（779-788）
オスレッドⅡ世（788-790）
エゼルレッドⅠ世（2）（790-796）
オスバルド（796）
エアドウルフ（796-806）
エルフウォルドⅡ世（806-808）
エアンレッド（808-840/841）
エゼルレッドⅡ世（1）（840/841-844）
レドウルフ（844）
エゼルレッドⅡ世（2）（844-848/849）
オスベルト（848/849-867）
アエラ（867）

Yorke, Barbara, *Kings and Kingdoms of Early Anglo-Saxon England* をもとに作成

マーシア王国系図

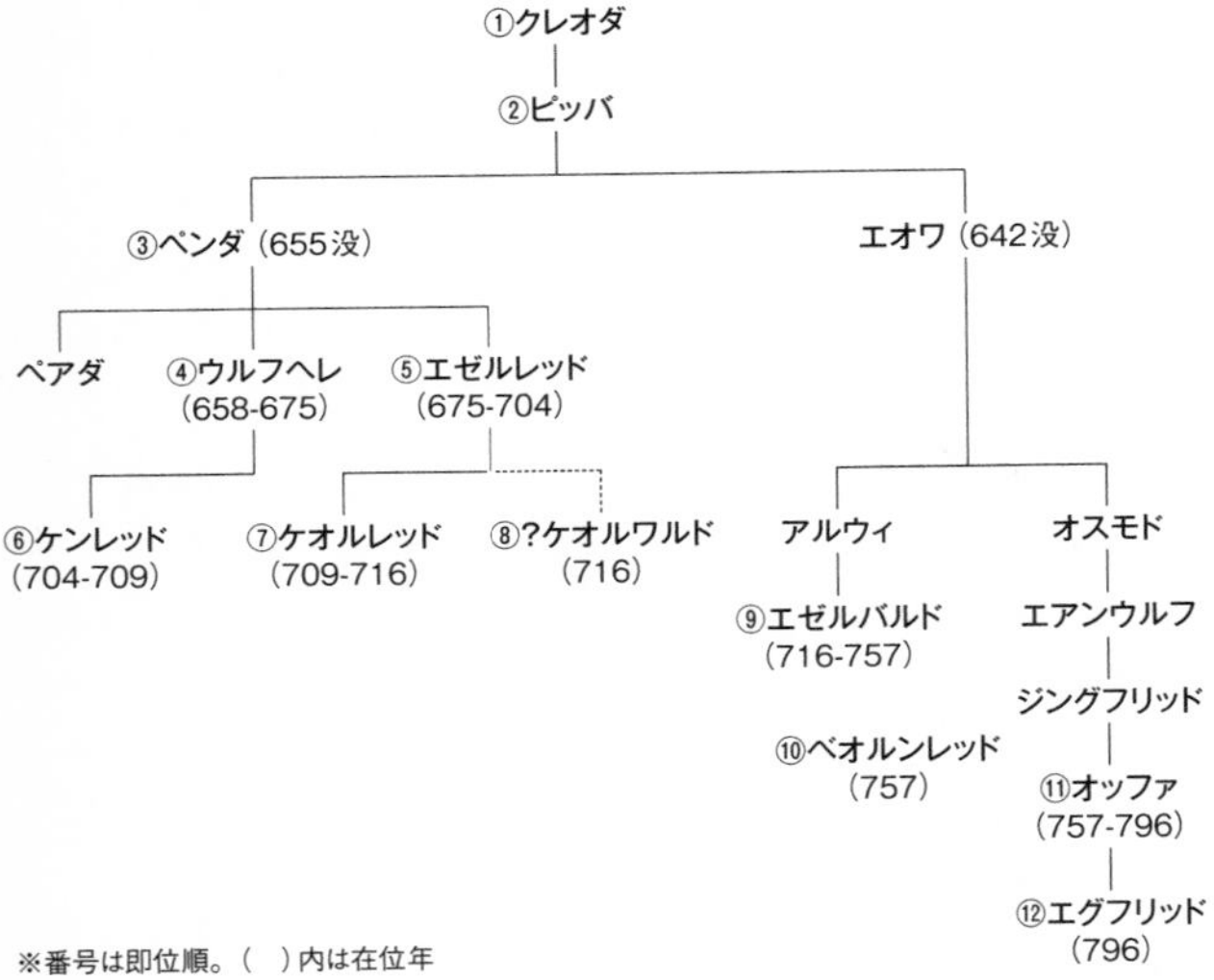

※番号は即位順。（　）内は在位年

マーシア王国の王たち

クレオダ
ピッバ
ペンダ（655没）
オスウィ ＊ノーサンブリア王（655-658）
ペアダ ＊副王（655-656）
ウルフヘレ（658-675）
エゼルレッドⅠ世（675-704）
ケンレッド（704-709）
ケオルレッド（709-716）
?ケオルワルド（716）
エゼルバルド（716-757）
ベオルンレッド（757）
オッファ（757-796）
エグフリッド（796）
ケンウルフ（796-821）
ケオルウルフⅠ世（821-823）
ベオルンウルフ（823-826）
ルデッカ（826-827）
ウィグラフ（1）（827-829）
エグバート ＊ウェセックス王（829-830）
ウィグラフ（2）（830-840）
ベルフトウルフ（840-852）
バーグレッド（852-874）
ケオルウルフⅡ世（874-879?）
エゼルレッドⅡ世（879?-911）

Yorke, Barbara, *Kings and Kingdoms of Early Anglo-Saxon England* をもとに作成

ウェセックス王国系図

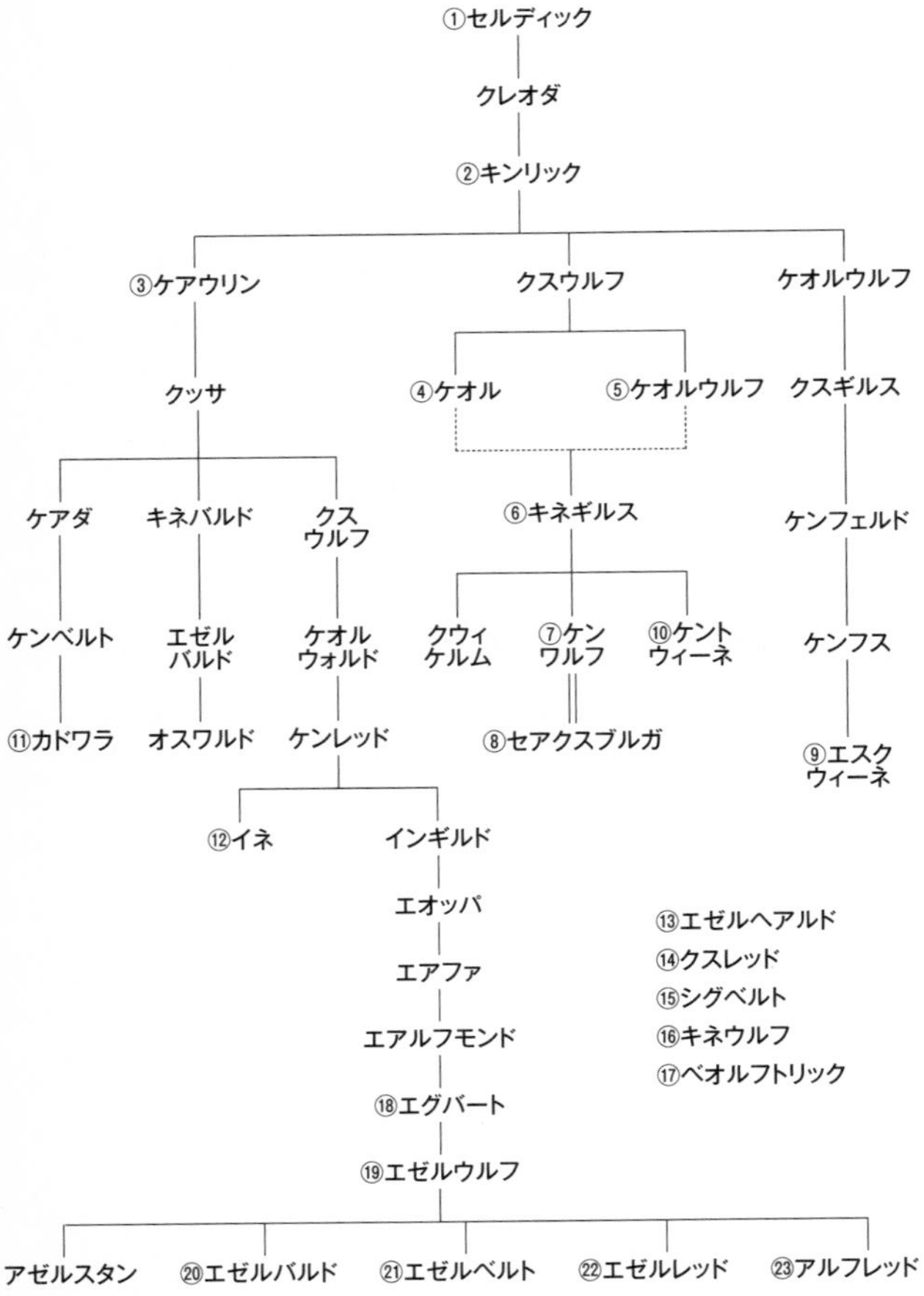
①セルディック
クレオダ
②キンリック
③ケアウリン
クスウルフ
ケオルウルフ
クッサ
④ケオル
⑤ケオルウルフ
クスギルス
ケアダ
キネバルド
クス
ウルフ
⑥キネギルス
ケンフェルド
ケンベルト
エゼル
バルド
ケオル
ウォルド
クウィ
ケルム
⑦ケン
ワルフ
⑩ケント
ウィーネ
ケンフス
⑪カドワラ
オスワルド
ケンレッド
⑧セアクスブルガ
⑨エスク
ウィーネ
⑫イネ
インギルド
エオッパ
エアファ
エアルフモンド
⑱エグバート
⑲エゼルウルフ
⑬エゼルヘアルド
⑭クスレッド
⑮シグベルト
⑯キネウルフ
⑰ベオルフトリック
アゼルスタン
⑳エゼルバルド
㉑エゼルベルト
㉒エゼルレッド
㉓アルフレッド

※番号は即位順

ウェセックス王国の王たち

セルディック（538-554）
キンリック（554-581）
ケアウリン（581-588）
ケオル（588-594）
ケオルウルフ（594-611）
キネギルス（611-642）
ケンワルフ（642-673）
セアクスブルガ（673-674）
エスクウィーネ（674-676）
ケントウィーネ（676-685/686）
カドワラ（685/686-688）
イネ（688-726）
エゼルヘアルド（726-740）
クスレッド（740-756）
シグベルト（756-757）
キネウルフ（757-786）
ベオルフトリック（786-802）
エグバート（802-839）
エゼルウルフ（839-855（8））
エゼルバルド（855-860）
エゼルベルト（860-866）
エゼルレッド（866-871）
アルフレッド（871-899）

Yorke, Barbara, *Kings and Kingdoms of Early Anglo-Saxon England* をもとに作成

I

フランクの圧力をかわし、七王国に号令

―エゼルベルト（ケント王国）―

英国ケント州にあるカンタベリー大聖堂のエゼルベルト像
（提供：Alamy/ユニフォトプレス）

いろいろな「最初」がある王

アングロサクソン七王国の諸王のうちで、一番に語っていくべき王がケント王国のエゼルベルト（Æthelbert またはエゼルベルフト Æthelberht）です。なぜいの一番かというと、エゼルベルトは英国史において画期的なことをたくさん行ったからです。

まず、他の七王国の王たちに先駆けてキリスト教に改宗したこと。そして英国初の法典を編纂したこと。さらにはブリテン島独自のコインを鋳造したことです。つまり彼にはいろいろな「最初」があるわけで、いうなればエゼルベルトは英国史のパイオニアです。

加えてもちろん、エゼルベルトはブレトワルダ、すなわち覇王です。もっともこちらの方は一番目ではなく三番目の覇王なのですが、ただプロローグで述べたように最初の覇王のアエラ、二番目のケアウリンが何によって後世に覇王とされたのかよくわからず、その実在も不確かな点が多いとされているのに対し、業績も生涯もそこそこわかっているエゼルベルトは、覇王と呼ぶのにふさわしいのです。

もっとも今「そこそこ」と書きました。それはエゼルベルトがさまざまな偉業を成し遂げた半面、その生年や即位の年、王としての在位期間など、正確にわかっていない部分が結構あるのです。したがって、これらよくわかっていない点にもスポットを当て、エゼルベルトという王を見ていきますが、まずその前にケントとはどんな王国だったのか概略を説明します。

ローマ時代から続くケントの名

ケントは、そのまま現在のイギリスにケント州と名が残っているブリテン島南東部の地域です。ここは昔から穀物や果実がよく実るブリテン島随一の温暖なエリアであり、今日、当地で作られているワインはフランス産を凌《しの》ぐといわれる「ケントワイン」ブランドとして、世界に知られています。ベーダは『教会史』で大陸からこの地にやってきたのは、ジュート人、アングル人、サクソン人といったゲルマン人の支族の中で、ジュート人であるとしています。そしてケント王国の始祖はヘンギストだったとしています。

ただ、ケントという王国の名前自体は、ローマがブリテン島を支配していた時代、このあたりの地方行政区の名称であったカンティウム（Cantium）、あるいはカンティア（Cantia）が由来であり、それがジュート人が移ってきた後、彼らの言語である古英語でケント（Cænt）と呼ばれるようになりました。またケント王国時代の首都であり大司教の座が置かれ、今日に続く英国国教会の総本山カンタベリーもローマ時代、この地区の首都を指したカンティアコルム（Cantiacorum）が語源です。

これらローマ時代からの都市や道路遺構といったインフラの存在、あるいは豊かな農産物に恵まれて、ケント王国はアングロサクソン七王国の中で最初に形成されました。そんなケントにおいて、実在が確かなのはエゼルベルトの父のエオルメンリクからだといわれています。エオルメンリクは王国の始祖ヘンギストから四代目にあたります。すなわち、ヘンギスト→エリク→オクタ→エオルメンリク→エゼルベルトの順に即位したとされますが、エオルメンリクより前の三人の王は時代が最初期であり、半伝説的な存在といわれています。

妃《きさき》はフランクの王女

この、エゼルベルトの父が謎の人物なのです。というのもエオルメンリクという名前はアングロサクソン人には極めて珍しい名前であるとされ、そのエオルメンという部分が大陸フランク王国の王族や貴族によく用いられる名前であることがわかっています。このことからエゼルベルトの父であるエオルメンリクは、フランクと深い繋《つな》がりがある、もしかしたら何らかの高貴なフランクの血が流れる人物だった可能性があります。

というのも、彼の息子のエゼルベルトの妻は、フランクのパリ王カリバートの娘ベルタでした。こういうフランクとの国際結婚がまとまった背景には、ケント王国の中枢部にフランクと深い絆《きずな》を持った人物がいたからだと推論しても、理にかなっています。

エゼルベルトがベルタと結婚したとき彼はまだ王子で、父親のエオルメンリクはケント王として在位中であったことが当時フランク王国の司教だったトゥールのグレゴリウスが著した『フランク史』(*Historia Francorum*)から推察できます。父親のケント王がフランクと所縁《ゆかり》の深い人物なればこそ、両国の王族同士の婚姻が成り立ったのでしょう。

実際、大陸から近い地に位置するケントは必然的にフランクの影響が強く、王国の初期の頃から双方の交易が盛んでした。フランクからは宝石類や工芸品、凝った衣装、そしてコインといったケントでは容易に造れない文明の成熟度の高いものが盛んに入ってきました。それに比べ、ケントから出ていったものはウールや鉱物などの原料に近いもの、そして人間そのもの、つまり奴隷でした。この時代、文明の中心はフランク王国など大陸にありましたから、政治制度の面でも人々が生産する物品の質と量でも、両国の間には歴然とした差があったのです。

ケントにとって交易を通じて両国関係を維持し、フランクの優れたものを取り入れ吸収していくことは、七王国中に力を拡大していくためにはとても重要でした。同時にそれは、強大国フランクからの干渉や支配にさらされる脅威と常に隣り合うことでした。大陸と地理的に近いがゆえのメリットとデメリット。この二つの間の舵取り《かじと》りを巧みにこなし、ケントを興隆に導いていったのがエゼルベルトだったのです。

在位期間の謎

ベーダは『教会史』の中で、エゼルベルトは五六年にわたり王として統治し、六一六年に没したと記しています。これに従えばエゼルベルトが即位したのは五六〇年となります。またベーダは、エゼルベルトはキリスト教の洗礼を受けてから二一年後に死んだと述べていますので、王の改宗は五九五年ということになります。しかし一方でベーダは、五九七年にケントに着いたアウグスティヌスによってエゼルベルトは洗礼を授かったとも『教会史』に書いています。ここを基準とすれば王の没年は六一八年となり、ベーダの記述には矛盾が見られます。

今日ではベーダが記した五六年というエゼルベルトの在位期間は、この時代の他の王と比較すると不自然に長すぎ、よってエゼルベルトは五六歳で死んだのだというコンセンサスがあります。またトゥールのグレゴリウスの『フランク史』をはじめ、さまざまな記録が総合的に検討された結果、大まかですがエゼルベルトは五六〇―二年あたりに生まれ、妻ベルタの生年もほぼ同じ頃、二人が結婚したのが五八〇年、ケント王に即位したのが五八〇年から九三年の間、キリスト教の洗礼を受けたのが五九七年、没したのが六一六年から八年にかけてと見るのが妥当のようです。

ウェセックスとの抗争

エゼルベルトが王になる前、すなわち父エオルメンリクが統治していた頃はウェセックス王国の勢いが強く、ケントは押されていました。『年代記』によると五六八年にエゼルベルトはウェセックス王のケアウリンとその息子のクッサと戦い、ケントへ追い返されたとあります。もっとも『年代記』の記述を素直に信じるのは少々危険です。右に見てきたようにエゼルベルトが生まれたのは五六〇―二年の間と今日では考えられていますから、五六八年にケアウリン父子と戦ったエゼルベルトは剣などとても振り回せない、六歳から八歳のほんの子供です。エゼルベルトがケアウリン父子と戦ったのが事実だったとしても、もっと年代は後でしょう。

ケアウリンはさらに周辺のブリトン人の国々に次々と戦いを仕掛け、これを打ち破っていきます。たぶんこのあたりの勢いの良さが、ケアウリンが二番目の覇王とされた理由なのでしょう。まあ、ブリテン島の南の隅でちょこちょこっと暴れたぐらいの印象ですが。七王国初期の覇王の選考基準はかなり甘い気がしますね。

ウェセックス王ケアウリンの治世は、しかし、五八八年に突然終わりを告げます。代わって王位に就いたのはケアウリンの甥《おい》のケオルでした。ウェセックス王家の内紛を何やら示唆する王の交代です。その後五九三年にケアウリンは死んだと『年代記』にはあります。こういうことがあると国の勢いは衰えます。案の定、ウェセックスに代わりケント王に即位したエゼルベルトが台頭してきます。武の力を背景にしたのはもちろんですが、彼にはもう一つ、最新の「精神的武器」がありました。キリスト教です。

フランクからの改宗圧力

エゼルベルトの妻でパリ王の娘であるベルタはキリスト教徒でした。この二人が結婚した頃、すなわち六世紀後半においては、フランク王国（メロヴィング朝）はキリストの教えをいち早く国の規範の中核に据えた、ヨーロッパ大陸のまぎれもない強国かつ文明国でした。これに対し、ブリテン島のアングロサクソン七王国の人々は、主神ウォーディン(Woden, 北欧のオーディン Odin と同じ神)を中心としたゲルマンの神々を信奉する全くの異教徒でした。当然エゼルベルトもベルタと結婚した時点ではまだキリスト教徒ではありません。

そんな「蛮族」の彼がキリストを信じるフランクの王女と結婚した大きな目的は、先進国フランクとの関係維持にあったのは間違いありません。そしてフランクもまた、この婚姻を機に従来からケントに対して優位にあった立場をさらに強め、フランクの王にはケント王の上王となって支配下に置きたいという思惑が当然あったと考えられます。

そのためフランク側はベルタのケントへの輿入《こしい》れの際に、リウドハルドという司祭を付けて送り出しました。表向きは異教の地ケントでキリスト教徒であるベルタの信仰のための宗教儀式を円滑に執り行うためということです。が、真の狙いはエゼルベルトをキリスト教に改宗させることでした。

キリスト教のメリット

むろんエゼルベルトは、フランク人によって自身の洗礼行事を行われてしまっては、彼の国にずっと頭が上がらなくなる、つまり改宗はケントがそのままフランクの王の麾下《きか》に入ってしまうことを意味するのをよくわかっていました。よって、キリスト教徒の奥さんを持ったから、では自分もという具合に、簡単にものわかりのいい亭主にはなりません。

一方でエゼルベルトは、キリスト教は大陸の強国と同レベルの文明的ステイタスを獲得できる新時代の信条であることもわかっていました。よって、自分が改宗した場合、ケント王国の国際的地位が高まることはもちろん、旧来の神々にしがみついているアングロサクソン人の新ヒーローとなり得るキリストを旗印に押し出していくことで、七王国中に覇を唱えることができるとの強い思いがあったのは確実です。それは、改宗後の彼の動きを見れば一目瞭然です。

つまり、エゼルベルトが五八〇年にベルタと結婚し、五九七年にキリスト教の洗礼を受けるまでの一七年間は、支配される危険性が常にあるフランクの手によってではなく、どうキリスト教に改宗していくかをじっくり考え、そのタイミングを探っていた長い時間でもあったのです。そんな中、アウグスティヌスを団長としたキリスト教の伝道団がケントのサネット島に上陸しました。彼の王国に、「キリスト」の方から来てくれたのです。

売られていた「天使」たち

アウグスティヌスをブリテン島に派遣したのはローマ教皇グレゴリウス（一世）でした。ベーダの『教会史』には、この教皇のある挿話が残っています。要約して紹介します。

――ある日、ローマの市場を歩いていたグレゴリウスは、数人の少年奴隷が売られているのを目にした。少年たちの透き通るような白い肌と紺碧《こんぺき》の瞳、美しい金髪に目を奪われた教皇は、彼らにどこから連れてこられたのか、またキリスト教徒なのかと尋ねた。少年たちはブリテン島から来た、自分たちは異教徒だと答えた。さらに教皇は彼らに何という種族かと尋ねると、アングリ（Angli, アングル人のこと）という返事だった。これを聞いて教皇は感嘆した。「彼らは天使の容貌を持っている。きっと天国の天使たちの末裔《まつえい》に違いない」――

ラテン語で天使のことをアンゲリ（Angeli）といいます。要するに教皇は「洒落《しやれ》」を言ったわけですが、このエピソードは教皇がブリテン島へキリスト教の伝道団を派遣するきっかけになったことで有名です。

実際にこんなことがあったのかどうかは、わかりません。ただ、アングロサクソン人の少年奴隷たちを買ってキリスト教の伝道者として教育したいという趣旨の、ある修道僧に宛てた教皇グレゴリウスの手紙が残っています。七王国時代のブリテン島からの奴隷輸出を示す有力な史料としてこの手紙は知られており、先ほどのローマ市場で教皇が少年たちに出会った言い伝えのもとは、このへんにあるのかもしれません。

教皇とのコンタクト

さておき、この挿話に述べられたことが真の動機で、アウグスティヌスは教皇から派遣され、五九七年にケント王国のサネット島に来たのでしょうか。実は先ほどのものとはまた別の宛先の、教皇グレゴリウスの手紙が残っています。それには、エゼルベルトがキリスト教に改宗したいという意思を抱いていることを示す内容が書かれています。そうすると、なぜエゼルベルトの改宗意思を教皇が知っているのかということになり、当然、誰かがそのことを教皇に知らせたからだという推論が成り立ちます。

——もしかしたら、教皇に改宗意思を知らせたのはエゼルベルト自身ではなかったのか。——

エゼルベルトと教皇が事前コンタクトしたことを示す直接の史料は、今のところ見つかっていません、しかし、広いブリテン島の中で、なぜエゼルベルトが統治するケント王国のサネット島に教皇が派遣したキリスト教の伝道団が来たのかということも、あらかじめ互いが連絡を取り合っていたのなら頷けます。

事前の接触があったにせよ、なかったにせよ、結果的にエゼルベルトは教皇という、フランクも手が出せないし文句のつけようもないキリスト教の最高権威が直接送った伝道団の手で洗礼を受けました。一七年間、フランクからの改宗圧力をかわしながら時機を待った甲斐《かい》がありました。凄い王であり、見事な王国の舵取りです。

キリストを前面に、覇王へ

かくして七王国の中で最初のキリスト教国王となったエゼルベルトは、この新宗教を他王国に半ば強制的に受け入れさせ、それによって彼らの上に立つべく、動き出します。要するにフランクがケントにしたくてもできなかったことを、エゼルベルトは七王国にしようとしているのです。最初にケント王の麾下に入ったのはエセックス王国でした。エセックスは弱小ながらロンドン（ロンディニウム）という、ローマ時代から続くブリテン島の象徴的な都市を擁する気位の高い王国でした。

そんなエセックス王スレッドの許にエゼルベルトの妹リクラは嫁いでいました。エゼルベルトはスレッドの義兄として、エセックス王家をケント王族のキリスト教ファミリーに取り込んでいきます。さらにスレッドとリクラの子サベルトがエセックス王として即位すると、エゼルベルトはこの甥の実質的な後見人として影響力を発揮します。サベルトはブリテン島最初の大聖堂であり、今日に続くロンドンのセント・ポール寺院を創建した王ですが、それは背後にいたエゼルベルトの指示によるものでした。

イーストアングリア王国にもエゼルベルトは圧力をかけます。この国の王レドワルドは、エゼルベルトに次いで四番目の覇王に挙げられている七王国時代の傑物の一人です。しかしこの頃のイーストアングリアには、ケントに対抗できるほどの力はありませんでした。このレドワルドにエゼルベルトはキリスト教への改宗を迫ります。レドワルドは抵抗しますが、結局ケントへ引っ張り込まれるような形になり、やむなくキリスト教を受け入れることを承認。イーストアングリアはケントに従うことになります。

エゼルベルトは日の出の勢いでした。ウェセックスはケアウリンが死んでから急速に衰えもはやケントの相手ではありません。エセックスはサベルト王の伯父として、実質的に牛耳っています。マーシアはこの頃はまだ国自体が茫洋《ぼうよう》としています。ハンバー川北部の、後に合体してノーサンブリアを形成する二つの王国、すなわちデイラとバーニシアは、とても南部に影響を及ぼす力はありません。ここにエゼルベルトはハンバー川以南に君臨することになりました。ハンバー川は現イングランド東部のハンバーサイド地方を流れる川であり、ノーサンブリアを除いた他のアングロサクソン諸王国はこの川の南に位置していましたので、ハンバー川以南を制するという言葉は七王国を制することとほぼ同じ意味を持ちます。キリスト教に改宗した五九七年以降、エゼルベルトは一気にブレトワルダへ、覇王へと駆け上ったのでした。

英語で書かれた法典

法典を編纂したことも、エゼルベルトの大きな業績の一つです。「エゼルベルトの法典」といわれるもので、ケント王国では他にも後世の王が創った「フロスヘレとエアドリックの法典」や「ウィトレッドの法典」があり、また七王国の一つウェセックス王国には「イネの法典」、そして有名な「アルフレッドの法典」があります。しかし、これらの中でも「エゼルベルトの法典」は最初に世に出た、つまり、英国初の法典なのです。

「エゼルベルトの法典」がユニークなのは、英語（古英語）で書かれている点です。大陸では六世紀以降、「ブルグント法典」「アラマン法典」「バヴァリアン法典」、そしてフランク王国を構成するサリー人の「サリカ法典」など、さまざまなゲルマン諸支族の法典編纂が盛んでした。そしてこれらはヨーロッパの法の原点である輝かしきローマ法に倣い、皆ラテン語で記されたものでした。

もちろん、エゼルベルトはそのことを知っていたはずです。しかし彼は、ラテン語という「公的」な、書き言葉の「世界言語」を避け、自分たちの民族の言葉で書きました。あえてそうしたのだと思われます。そこにエゼルベルトの、アングロサクソン人の国の法典を創るのだという意気込みと、誇りを感じることができるのではないでしょうか。

王の侍女と同衾《どうきん》したら罰金五〇シリング

そもそもなぜ、エゼルベルトは法典を編纂したのでしょう。古来、アングロサクソン人などゲルマン人社会で殺人や傷害などの事件が起こった場合、その決着のつけ方は基本的に復讐《ふくしゅう》でした。「目には目を、歯には歯を」的な同害復讐による問題解決を社会安定の大前提としていたのです。けれどもこうしたやり方は、当事者間の、あるいは部族間の報復合戦を際限なくエスカレートさせ、加害者側と被害者側双方が共倒れになる危険を常に孕《はら》んでいました。

それでもゲルマン民族が部族単位で散らばっていた頃はまだ良かったのですが、民族大移動期に入り、大陸各地やブリテン島に王国群を建設するようになると、とても今までの方法では間に合わず、多数の人々を一律一元的に裁く解決方法が必要になってきました。そこで金銭の支払いによる解決方法、すなわち加害者側から償いの金銭をもらうことで、被害者もしくはその一族が和解するスタイルが普及してきたのです。

そこには復讐に赴くため部族から代表に選ばれる苦痛、また復讐しに来るものを代表して迎え撃つために、これも部族から選ばれる苦痛からいい加減に逃れたいという、新しい時代を前にしたゲルマンの人々の切実な声が背景にありました。なお、このあたりのことは猛々《たけだけ》しさとは対極にある「許し」を教えの核とするキリスト教が、なぜ武勇第一のゲルマン社会に急速に普及していったのかを考えるときの、一つの手掛かりになるでしょう。

さておき、エゼルベルトも、恐らくケント王国内ですでに金銭のやり取りによる和解の仕方を法典として体系づけたものと思われます。そんな「エゼルベルトの法典」とはどんなものだったのか。実際の条文をちょっと覗《のぞ》いてみましょう。

●王に仕える乙女と床を共にした者は五〇シリングの賠償金を支払わなければならない（第一〇条）

●人の片方の耳を聞こえなくした者は、二五シリングの賠償金を支払わなければならない（第三九条）

●人の鼻を刺した者は、九シリングの賠償金を支払わなければならない（第四五条）

九〇条より成るエゼルベルトの法典は現代のものと比べると抽象的、一般的な法規を持たず、全ての条目が右のように何々されたらいくら払えといった罰則規定であり、著しく個別事例的です。ちなみにケントではシリングは金に換算されていて、一シリング（正確には一シリング金）は牡牛《おうし》一頭と等価でした。

ブリトン人はどこに行った?

ところでこのエゼルベルトの法典を筆頭に、ケント王国の諸法典には興味深い規定があります。それは、人が殺された場合に支払う賠償金である人命金（Wergeld）に関することです。基本的にケントでは、貴族が殺された場合に支払われる人命金は三〇〇シリングであり、また一般自由民が殺された場合の人命金は一〇〇シリングでした。他方、レート（læt）と呼ばれる最下層自由民を殺した場合には、まず第一級の最下層自由民に対しては八〇シリングを、第二級最下層自由民には六〇シリングを、そして第三級最下層自由民には四〇シリングをそれぞれ支払えと規定されています。

このうち、貴族と一般自由民はアングロサクソン人であり、他方、第一級から第三級までのレート、すなわち最下層自由民は先住民のブリトン人でした。このことから、人名金の額こそアングロサクソン人よりは少ないものの、ケントでは法に庇護《ひご》されながら、ブリトン人が王国の民として暮らしを営んでいたことがわかります。

歴史においては、アングロサクソン人は先住民ブリトン人を駆逐ないし皆殺しにして、彼らがいなくなった空の地域に王国群を建設していったといわれてきました。例えばギルダス（Gildas）という、六世紀のまさにアングロサクソン人がブリテン島に侵攻して七王国を建てている時代に生きたブリトン人修道僧がいました。彼が書いた『ブリタニアの破壊と征服』（*De Excidio et Conquestu Britanniæ*）という書物には、侵攻してきたアングロサクソン人がブリトン人の町々を大槌《おおづち》で破壊し、人々を容赦なく殺戮《さつりく》していく風景が生々しく記されています。ブリトン人のギルダスは被害者側ですから、アングロサクソン人の非道ぶりをどうしても誇張しがちなのは仕方がないのかもしれませんが。

本当のところはどうだったのでしょうか。歴史で長い間唱えられてきたように、ブリトン人はアングロサクソン人に追われて逃げたのでしょうか。ブリトン人を法で庇護したのはこのケント王国だけで、イングランドの他の広汎な地域ではどうだったのでしょう（これについては、本書のエピローグで再び触れることにします）。

初のコイン自力鋳造

ケント王国はまた、ローマ人が撤退した後のブリテン島で最初に貨幣を鋳造したアングロサクソン人の王国として、つまり英国史において初めてコインを造ったことでも有名です。その最初のコインは、フランク王国メロヴィング朝の金貨を真似《まね》て造られたものといわれています。六世紀の終わり頃のことで、ちょうどエゼルベルト王の治世にあたります。

この金貨には（エゼルベルトの息子で後継者のエアドバルド〈Eadbald〉王のコインもそうであるように）エゼルベルトの名前も肖像もありません。ですがエゼルベルト王が命じて造らせたものであることは今日では明らかとなっています。ケントでは、自国のコインが造られる前はフランクのコインを使って交易をしていました。それが、自国のコインを造り、フランクとの交易で流通するようになりました。ケントにコインを鋳造できる技術力と、王国としての信用力がついたことの証《あかし》です。

ケント王国は大陸の先進国であるフランク王国と近いという有利さを生かし、アングロサクソン七王国にいち早く号令をかけるリーダーとしての存在になりました。しかしこの地理的な特性は、同時に強国フランクから支配を受けやすいという諸刃《もろは》の剣《つるぎ》でもありました。したがってエゼルベルトのような抜きん出た指導者がいなければ、ケントの運命はどうなっていたかわかりません。もしかしたら英国史の極めて早期の段階で、あの一〇六六年の「ノルマンの征服」（Norman Conquest）の遥か前に、フランスの橋頭堡《きょうとうほ》的な一角がブリテン島の南東部に成立していたかもしれないのです。エゼルベルトがいたからこそのケント王国、いや、アングロサクソン七王国だったといえるでしょう。

こんなカリスマ覇王エゼルベルトもやがて没し、王国は息子のエアドバルド王と、娘のエゼルベルガ（Æthelburh）の世へと向かいます。エゼルベルトに頭が上がらなかったレドワルド率いるイーストアングリアから、波乱の風が吹き始めました。

II

奥さんに尻を叩かれながら、覇王

――レドワルド（イーストアングリア王国）――

アングロサクソン戦士の再現

人間臭い王

イーストアングリア王国のレドワルド（Rædwald）は、アングロサクソン七王国時代の王の中でとても人間臭い王、という印象があります。どういう意味かというと、案外気が弱いところがあって、決めるべきときに結構ブレる。で、奥さんに尻をひっぱたかれてしゃきっとする。少なくとも彼の人生の重要な節目において、二回、奥さんの出番がありました。このへんに愛嬌《あいきょう》というか、人間っぽさが感じられるわけです。そんなレドワルドはしかし、まぎれもない七王国で四番目の覇王でした。

このレドワルドの生涯は、前章のカリスマ覇王のエゼルベルトや、次章で語るアングロサクソン七王国時代前期最大のヒーロー、ノーサンブリア王国のエドウィンと重なり合っています。すなわち、レドワルドはエゼルベルトよりは多少長く生き、エドウィンよりは先に死にました。レドワルドはエゼルベルトには頭が上がりませんでしたが、エドウィンに対してはその上に立つ存在でした。エゼルベルトとエドウィンは直接会ったりすることはありませんでした。しかしレドワルドはエゼルベルトともエドウィンとも会い、関係を持った人物でした。

つまりレドワルドは、七王国前期のキーマンともいえるユニークな人物だったのです。奥さんに後押しされ、エゼルベルトとエドウィンの間にあって覇王へ駆け上っていったレドワルド。どんな王だったのでしょうか。イーストアングリア王国の概略に続いて、彼の足跡を追ってみます。

スウェーデンとの繫がり

イーストアングリア王国は、現在のイングランド東部サフォーク州の海岸に面した小村ダンイッチ（Dunwich 日本語ではダニッチとも表記される）を首都に、六世紀の半ば頃までに建国されました。ダンイッチは今日二〇〇人に満たない小村ですが、王国の首都だった頃は船着き場や賑《にぎ》やかな町があって多くの人々が行き交っていました。一三世紀、大嵐によって海岸が浸食され、それ以降浸食が続いて現在の規模になったようです。

ベーダは『教会史』で、この地域に大陸から移ってきたのはアングル人であるとしており、王国の名のアングリアはアングル人に由来しています。このイーストアングリア王国の最初の王はウッファといわれ、その次の王はウッファの子のティティルとされています。ウッファ以降、イーストアングリアの王たちはウッファ王朝の者たちを意味する「ウッフィンガス」と呼ばれ、スウェーデン南東部にあった王国の子孫たちを意味する言葉が、これと同じだったことが明らかになっています。つまり、イーストアングリア王国はスカンジナビアと何がしかの関係があったことが考えられ、実際この地域の発掘からも、そのことが確かめられています。

レドワルドはティティルの子であり、イーストアングリア王国で歴史的に実在が確認されているのはこのレドワルドからです。ただ彼の生年や没年など、生涯のディテールはわかっていません。これは何もレドワルドだけに限ったことではなく、後の歴代イーストアングリアの王や王国の全体記録が極めて少ないのです。その原因は、デーン（ヴァイキング）です。八六六年、ブリテン島へこれまでにない規模で来寇《らいこう》した英国史にいう「大異教徒軍団」（Great Heathen Army）によって、イーストアングリア王国は滅ぶのですが、そのときの破壊で文書や記録が大量に失われました。

そのようなわけで今日わかっている限りを述べますと、レドワルドの生年は不明、王位を継承したのは五九九年頃、そして六二四年頃に死去したと考えられています（六二七年という説もあります）。そんなレドワルドには、妻との間にレゲンへレとエオルプワルドという二人の息子がいました。また、シグベルトという息子もいました。シグベルトはエセックス王族の出ともされる先妻との間の子です。

エゼルベルトからの改宗圧力

こんな具合にレドワルドの生涯が、とりわけ王になるまでが全くわかっていません。ゆえに話はいきなりレドワルドが王位に就いてすぐ、ケントのエゼルベルトによってしきりにキリスト教への改宗を迫られているところから始まります。ということは、エゼルベルトが教皇派遣のアウグスティヌスの手で洗礼を受けた五九七年以降、ということです。

国王の義兄として黒幕的にキリスト教支配を広げたエセックス王国の場合とは違い、エゼルベルトは、レドワルドにはあからさまに、後世の記録にも残るほどの勢いで改宗を迫りました。ケント王国の使者が、レドワルドの王宮にエゼルベルトの手紙を幾度も持参しました。

――お前はいつまで古臭い神々にしがみついているのだ。フランク王国はとうに新しいヒーロー、キリストを立てて国を繁栄させているぞ。悪いことは言わない。時代に乗り遅れないよう、俺と一緒にキリストを信じよう。――

というようなことを訴えて。けれどもレドワルドは頑として、自分たちが長い間信じてきた神々を放棄することを拒否します。パウリヌスという高位の聖職者もレドワルドを説得すべく、ケントの教会勢力から派遣されイーストアングリア王国にやってきました。パウリヌスは教皇グレゴリウスが派遣した六〇一年の第二回キリスト教伝道団派遣でケントにやってきていました。この男、次のエドウィン王の章でも登場しますが、なかなかのやり手でした。

奥さんの一回目の「尻叩《たた》き」

そんなケントからの度重なる改宗圧力の成果でしょうか、結局レドワルドはケントに行く、いや連れていかれるような形になり、六〇四年頃、その地でキリスト教の洗礼を受けたのでした。否応《いやおう》なくついに押し切られてしまった印象です。当然、レドワルドはこれまで信じていたゲルマンの神々を本心から捨て去ることはできません。それはエゼルベルト亡き後のレドワルドの動きを見れば明らかです。しかし今は、日の出の勢いのエゼルベルトには逆らえません。

不承不承、自分の王国にキリストのための祭壇を建てるとエゼルベルトに言質を取られ、浮かない気持ちでイーストアングリアにレドワルドは帰ってきました。そんな無理矢理改宗させられた自分の亭主に、奥さんとその取り巻きたちが目を覚ませとばかり、叱咤《しった》します。

――しっかりしなさい！　私たちが信じてきた神々を見捨ててどうするの！　エゼルベルトなんてごまかしとけばいいのよ。頭を働かせなさい。――

という具合でしょうね。奥さんの、一回目の尻叩きです。これでハッと目が覚めたか、ほどなくレドワルドは王国のとある寺院にキリストの祭壇と共に、自分たちの神々の祭壇も建てるのです。一応エゼルベルトの顔は立てた。でも俺は自分たちの神々を決して捨てはしないぞ、という決意です。こんなレドワルドを、ベーダは『教会史』で悪い信仰を持つようになったと非難しています。キリストの僕《しもべ》である聖職者ベーダは、背教者や異教徒に容赦ありません。

ただ、それでもベーダはレドワルドを覇王に挙げています。それはやはり彼の成し遂げたことに、とりわけベーダが大好きだったキリスト教の庇護者エドウィンをレドワルドが助けたことに、背教者というマイナス評価を上回る点数をつけることを躊躇《ちゅうちょ》しなかったからでしょう。

エゼルベルトには敵《かな》わない……

それにしても疑問が残ります。キリスト教に改宗することをあんなに頑固に拒んでいたのなら、なぜレドワルドはエゼルベルトと一戦交えなかったのでしょう。エゼルベルトの支配に簡単に従った小国エセックスと比べ、イーストアングリアの軍事力はそれほど弱くはなかったはずです。その後のイーストアングリアの動きを考えれば、エゼルベルトのケント王国ともさほどの遜色はなかったでしょう。レドワルドは、エゼルベルトに従っていたときも、自分の王国の軍事指揮権は堅持していたとされています。つまり兵を動かそうと思えば、それなりに動かせる状態であり、よって真っ向勝負を挑めば、案外レドワルドは勝ったかもしれないのです。が、レドワルドはエゼルベルトが死ぬまで、そうはしませんでした。

これは結局、この時代性によるものなのです。エゼルベルトはレドワルドにとって、歯向かう気などとても起こさせないスケールの大きな上王だったのでしょう。戦闘に明け暮れる七王国時代、王はその地位を戦いのリーダーとしての能力で確保してきました。王は戦士そのものであり、戦いでは常に第一線に身を置くことで臣下にその存在を示しました。そんな王だからこそ、臣下はこれまた命がけで忠誠をつくしたのです。

恐らくエゼルベルトはこうした戦いのリーダーとしての資質はもちろん、多方面で多能ぶりを発揮したものと考えられます。七王国で真っ先にキリスト教を取り入れたのも、これからの時代、いつまでも古いものを抱えていてはだめだという王国のトップとしての責任感からでしょう。レドワルドはそういう偉大なリーダーとしての、いわば新しき戦士王としての凄さをエゼルベルトに見たのです。呑《の》まれてしまった……。戦える力があったかもしれないのにできなかったのは、このあたりに答えがありそうですね。

さて、ケントで無理矢理キリスト教の洗礼を受けさせられてから十数年過ぎた頃、奥さんによる二回目の尻叩きが勃発します。「窮鳥」がいきなりレドワルドの懐に飛び込んできたのが、事の始まりでした。

獰猛《どうもう》なエゼルフリッド

六〇四年、アングロサクソン人の北の王国デイラの王宮は、同じアングロサクソン人の隣国バーニシアの王エゼルフリッド（Æthelfrith）に急襲されます。デイラの王族たちが殺《さつ》戮《りく》される中、王子エドウィンは数人の供を連れて危機一髪脱出に成功。エゼルフリッドの捜索の手を何とかかわしながら、エドウィンはまず北部ウェールズの王国グウィネズに身を潜め、次に七王国の一つマーシアへと、亡命先を転々と変え、最後にイーストアングリアに身を寄せました。六一六年頃のことです。

このエドウィンに、レドワルドは安全に匿《かくま》うことを約束します。エドウィンはホッとしますが、エゼルフリッドはレドワルドの王宮に逃れていることをついに突き止め、使者を送ってきました。

――金をやるからエドウィンを引き渡せ。――

お金はもらいます。が、レドワルドはとぼけたままです。するとエゼルフリッドはまた使者を送ってきました。レドワルドはまたお金を受け取りますが、相変わらずエドウィンを渡すかどうかについては何も言いません。すると、最後にエゼルフリッドは恐《こわ》いメッセージを送ってきました。

――これが最後だ。また金をやる。エドウィンを引き渡せ。殺しても構わん。今度俺に逆らったら、お前の国を攻める。いいな。――

エゼルフリッドは猛々しい戦士王です。エドウィンのデイラ王国に攻め入る前に北のブリトン人を散々に打ち破ったり、ダルリアダ王国の王アイダン・マック・ガブレイン率いるスコット軍をこてんぱんに粉砕しています。レドワルドも、エゼルフリッドが強く恐ろしい王であることは風の噂《うわさ》に聞いてはいたでしょう。ただ、まさか攻めてまではこないだろうと高を括《くく》っていたのかもしれません。結局、レドワルドの甘いとぼけ戦術は通じませんでした。お金はちゃっかりもらうところが、愛嬌を感じさせますけれど。

奥さんの二回目の「尻叩き」

本気で脅され、レドワルドはにわかに腰がひけてきました。やっぱりエゼルフリッドは恐ろしい。結果、わかりました、エドウィンを引き渡します……と、使者に返事してしまうのです。いやはや。そこで、奥さんの出番となるわけです。彼女は亭主を叱りつけます。

――エドウィンのようなこの上ない友人を、どんな装飾よりも気高い彼の尊厳を、お金で売るなんて絶対に許されないわ。――

ベーダの『教会史』には、こんなことを言って夫レドワルドを諫《いさ》めたとあります。非常にモラルのある、教会人ベーダの倫理観に沿った奥さんの物言いです。実際にこんなことを言ったのかどうかは、わかりませんが。

ただ、エゼルフリッドが追っているエドウィンを匿ったわけですから、その時点でいつかはエゼルフリッドと戦うことになるだろうとは予測できたはずです。その場合、エドウィンを立ててエゼルフリッドに勝てば、デイラ王国の亡命王子に大恩を売ったことになり、我が亭主レドワルドには、大きな運が転がり込んでくるに違いない――奥さんは、そもそもエドウィンが逃げて来たときからそう読んでいたのでしょう。ゆえに、夫の尻を叩いて大ばくち、すなわち乾坤一擲《けんこんいってき》のエゼルフリッドとの決戦を促したのだと思います。

なお、先ほどからレドワルド王の妃を「奥さん」と記してきました。実は彼女の名前がわからないのです。現在手に入る史料にはQueenとかWifeとしかありません。これも九世紀の大異教徒軍団によって記録類が焼かれてしまったせいでしょう。まあ、名前がわからない方がかえって奥さんが神秘的で、強そうな気がします。

決戦アイドル川

アングロサクソン七王国時代前期の最大のハイライト、アイドル川の戦い(Battle of the River Idle)は、かくして始まりました。六一七年四月のことです。アイドル川はイングランド中東部を流れるトレント川の支流であり、トレント川は前章のエゼルベルトのところで述べたハンバー川に合流する川です。戦いが行われたのはイーストアングリア王国とマーシア王国との国境付近の、マーシア側に少し入ったところで、アイドル川の東岸でした。現在のノッティンガムシャー州にあるイートン村近郊とされています。

奥さんに目を覚まさせられ、すっかり戦闘モードに切り替わったレドワルドは電光石火、全軍に号令をかけ北を目指します。レドワルドの軍は三つの隊に分かれていました。レドワルド、その息子のレゲンヘレ、そしてエドウィンが率いる各隊です。対して、まさか腰抜けのレドワルドが向かってくるはずがないと侮っていたエゼルフリッドは、とても全軍を集める余裕はなく、急きょ召集できた兵力で南下しました。

しかしなぜ亡命者エドウィンに、一隊を率いるほどの兵がいたのでしょうか。一緒に逃れてきた供の者はわずかです。王子の決起を聞いて祖国デイラから有志が駆け付けてくる時間もないはずです。そんな余裕があればエゼルフリッドだって大軍を率いて来られるでしょうから。これはレドワルドが自兵を割いてエドウィンに付けたものと思われます。こういうエドウィンへの恩が、後で効いてくるのです。

エゼルフリッドを倒す

アイドル川の河畔で両軍は出会い、激突しました。エゼルフリッド軍は寡兵とはいえ、皆、粒ぞろいの、歴戦の勇士たちです。兵が少ないときは隊を分けずに集中して当たるというのが戦術の常道で、エゼルフリッドは突進してきました。猛将です。対してレドワルドも動じません。軍旗を翻し、槍《やり》を連ね、輝く甲冑《かっちゅう》を身に着けた三隊がエゼルフリッド軍を囲むようにどんどん前に押し出てきます。戦いは激烈で、アイドル川は両軍兵士の血で赤く染まったといわれているほどです。

そんな、戦いの帰趨《きすう》がどちらへ転ぶかまだわからない中、エゼルフリッドはレドワルドの近くで一隊の指揮を執るレゲンヘレを見つけます。エゼルフリッドの兵たちは混戦の中、必死に血路を切り開きレゲンヘレに近づき、彼を殺します。エゼルフリッドがレゲンヘレをエドウィンと見間違えたのだという話も伝わっています。

自分の息子が倒されたのを見たレドワルドは激怒しました。が、決して取り乱すことなく、イーストアングリア軍を固く指揮し続けます。やがてもともと寡兵だったエゼルフリッド軍の限界のときが来ます。エゼルフリッドは自身何度も突撃し、レドワルド軍に穴をあけようと奮戦します。しかし、彼はわずかに残った自軍の兵と切り離され、孤立したところを斬り倒されます。王が殺されました。この時代、王は戦士であり率先して戦いました。よって、王の死は負けに直結したのです。厳しい時代でした。

アイドル川の戦いは、一般的にレドワルドが亡命者エドウィンを守った一戦であるとされています。他方、この時期エゼルフリッドは本格的にハンバー川南部に進攻しようとしていたという見方があり、であれば、この戦いは覇王になろうという野望も持ったライバル、エゼルフリッドを阻止したことになります。同時に、エドウィンに大きな貸しを作ったのですから、アイドル川の戦いは、レドワルドにとって、覇王に向けての大きな第一歩、記念碑的なものとなったのです。

戦いの後、エドウィンは晴れて故国デイラに凱旋《がいせん》し、隣国バーニシアを併合してノーサンブリア王国を創り、その王になりました。このエドウィンの後ろ盾に、すなわち上王にレドワルドはなりました。エドウィンはレドワルドが死ぬまで恩を感じていたといわれ、その存命中に逆らうことはありませんでした。

異教回帰への黒幕

レドワルドにとって覇王へのさらなる追い風は、ケント王国のエゼルベルトとエセックス王国のサベルトがアイドル川の戦い前後に相次いで世を去ったことです。まずケントですが、エゼルベルトの跡を継いで王となったエアドバルドはキリスト教への信仰を止《や》め、再び自分たちの、主神ウォーディンをはじめとするゲルマンの神々への伝統的な信仰に戻ります。実はこの背後にレドワルドの動きがありました。エゼルベルト亡き今、レドワルドには心理的に押さえ付けられる何者もおらず、遠慮なく自分の力を発揮し始めたのです（エアドバルドはその後、ケントの教会勢力によって再びキリスト教信仰に戻ります）。

同様に、サベルト王の後継者となったエセックス王国の三人の王子も従来の信仰に立ち返り、ロンドンからキリスト教勢力を追放しました。これもレドワルドの影響でした。すでに見たようにレドワルドの先妻はエセックスの王族の出といわれており、したがって彼はエセックスとの関係をずっと持っていたと見られています。そのルートを使ってのキリスト教排斥の動きだったのでしょう。

レドワルドは今やハンバー川の北ではノーサンブリアに、南ではケントやエセックスに強い支配力を及ぼすようになりました。マーシアに関しては、何よりもアイドル川の戦いがマーシア領内で行われたのですから、まだこの頃は大きな力がなかったことがわかります。六一七年のアイドル川の戦い以降、かくして彼はとうとう覇王へと上りつめたのです。

なぜか惹《ひ》かれる男

レドワルドはある意味、気の弱い王でした。偉大な王エゼルベルトには呑まれてしまい、不本意ながらキリスト教に改宗させられ、獰猛なエゼルフリッドの脅しには恐れおののいて、大切な匿い人を売ってしまおうとする……。

そんな頼りなさを人生の節目節目にさらけ出しながらも、連れ合いの叱咤によって軌道を正し、ついに七王国のトップに立ちました。覇王のイメージとは少し遠いような気がしますが、なぜか惹かれてしまう部分があります。現代の私たちに通じる人間臭さが、彼からは漂ってくるからでしょう。

レドワルドは六二四年頃に世を去ったとすでに述べました。エゼルベルトが死んでから、そしてアイドル川の戦いで勝利してから七年ほど後のことです。それは、レドワルドが解き放たれた七年でした。

レドワルド亡き後のことをかいつまんで話します。イーストアングリア王を継いだ、正妻との間のもう一人の息子のエオルプワルドは、ノーサンブリアのエドウィンによってキリスト教に改宗させられます。しかしエオルプワルドは反キリスト教勢力のリクベルトという正体が定かでない者に殺されてしまいます。

リクベルトは少しの間イーストアングリア王国を支配します。が、エオルプワルドと反りが合わず大陸フランクに追われていた異母兄弟のシグベルトが戻ってきてリクベルトを追放し、王となります。シグベルトはフランクですでにキリスト教の洗礼を受けており、イーストアングリアはシグベルトの時代から完全なキリスト教国になったといっていいでしょう。

ちょうどこの頃マーシア王国が台頭し、イーストアングリアの王たちはマーシアの凄《すさ》まじきペンダ王との戦いで相次いで殺されてしまいますが、何とか王国は続いていきます。そして九世紀、デーンの「大異教徒軍団」の来寇を受け、イーストアングリア王国はその幕を閉じます。

「サトン・フーの船塚」

最後に「船」の話をしましょう。第二次世界大戦が始まろうかという一九三九年初夏のことです。大変なニュースがイギリス中を駆け回りました。サフォーク州ウッドブリッジの近くの小村サトン・フーから、六世紀頃の船が出てきたというのです。イギリス考古学史上最大級の発見といわれた「サトン・フーの船塚」(Sutton Hoo Ship Burial) 発掘現場からの第一報でした。

もともとサトン・フーには、古くからの塚、すなわち墳丘墓がいくつもありました。村には、これらは大昔このあたり一帯を治めていた王の墓であり、塚には金銀財宝が埋まっ

サトン・フーで発掘された船塚　© The Trustees of the British Museum

ているという言い伝えがありました。そこで近辺の土地所有者だったエディス・メイ・プリティ夫人が、イプスウィッチ市立博物館の考古学担当官と共に前年から調査していたのです。サトン・フー一号墓、後に「サトン・フーの船塚」と呼ばれるようになった墳丘墓の発掘は二シーズン目のことでした。

埋まっていた船は長さ約二七メートル、最大幅約四・四メートルと、この時代としては最大クラスでした。もっとも正確に言うと、出てきたのは船の「跡」で、船体を構成する木材は長い年月による腐食でとうになくなっていました。しかし、船板を繋ぎとめる鉄鋲《てつびょう》はそのままの位置に腐食しながらもありましたし、柔らかい土に船全体の跡が刻印されたように残っていましたので、この船の形と大きさをほぼつかむことができたのです。

この船塚は、アングロサクソン七王国の時代、いやもっと遠い時代を含めて、ゲルマンの人々が勇者や首長の亡骸《なきがら》を船で海に送ったとされる伝承の「船葬」を陸上に再現したものでした。イギリス古典文学の傑作であり、七王国時代に完成されたとされる一大叙事詩『ベーオウルフ』には、デネ（デンマーク）の王が死んだとき、人々がその亡骸を数々の財宝と共に船に乗せ海に流した船葬を描写したシーンがあります。船塚の発見は、まさに『ベーオウルフ』の世界を現代に甦《よみがえ》らせたものとして、人々は驚き、そして感動しました。

次々と現れた『ベーオウルフ』の世界

金銀財宝の類いも、おびただしい数が出土しました。金の柄頭《つかがしら》に飾られた剣、多数の槍、斧《おの》、ナイフ、円形盾、銀の大皿や小皿、銀のスプーン、銀を象嵌《ぞうがん》した角杯、竪琴《たてごと》、金製の大バックルと小バックル、ボタン、財布、鉄製の軍旗、王笏《おうしやく》、フランク王国メロヴィング朝時代の金貨三七枚等々……。中でも最も素晴らしく、人々が唸《うな》ったのが、金銀をちりばめた顔覆いの付いた兜《かぶと》でしょう。『ベーオウルフ』には、次のような一節があります。

貴殿らはいずこより、
その金色《こんじき》に輝く盾を持ち来られたか。
その灰色に光る鎖かたびらを、
その顔おおいのついたかぶとを、
そのおびただしき数のいくさ槍を。
それがしはフローズガール王の使者、
その側臣である。
未《いま》だこのように勇しい異国のかたがたを、
かくも大勢お見受け申したことなし。

（『ベーオウルフ』長《なが》埜盛《のさかり》訳）

これは怪物グレンデルを退治するために、デネに上陸した勇壮な出で立ちのベーオウルフをはじめとするイェアト（スウェーデン南部の地）の戦士たちを、デネのフローズガール王の側近が畏敬の念をこめて迎えるシーンです。ここに描写された盾、槍、そして「顔おおいのついたかぶと」は皆、船塚から発見されました。

特筆すべきは、ベーオウルフの故国とされるスウェーデン南東部の六世紀中頃の墳墓から、「サトン・フーの船塚」のものと同じような顔覆いの付いた兜が見つかっていることです。今日では、「サトン・フーの船塚」の兜は、アングロサクソン人伝統の鋳造方法でブリテン島で製作された一方、その装飾はスウェーデン様式であることが判明しています。つまり、「サトン・フーの船塚」の発掘からも、イーストアングリア王国とスウェーデンは繋がりがあったことが確かめられたのです。

「サトン・フーの船塚」は、アングロサクソン七王国という、長い間茫洋としていた半ば伝説の時代を、実体を伴ったものとしてイギリス人に、いや世界の人々に可視化してくれたのです。

船塚の主は?

さて一番の問題は、ここに葬られた人物は誰だったのかということです。発掘品からして王の墓であるのは間違いありません。では、その王とは? 出土したメロヴィング朝の金貨のうち、一番新しいものは六二〇年から六二五年の間に造られたことがわかっており、ゆえに六二〇年以降イーストアングリアの王位にあった者は誰かを探ればいいわけです。ここに、レドワルドが最大の候補者として、挙げられているのです。

異論もあります。この船塚は実際の墓ではなく、儀式のための象徴的なものではないかという説です。人骨が見つからないことによるものです。これに対しては、このあたりの土壌が強酸性であり、骨が溶けて残らなかったのだとする説得力を持った見解があります。現在、レドワルドがこの船塚の主であるということは、ほぼコンセンサスができています。あの人間臭い王が、この時代は本当にあったのだぞと、私たちに威張って教えているようで、なんだか嬉《うれ》しい気がします。

III

もしも、確かさを約束してくれるのなら……

―エドウィン(ノーサンブリア王国)―

19世紀、ステンドグラスに描かれたエドウィン
(提供:Alamy/ユニフォトプレス)

刺客事件への復讐

さて、ノーサンブリア王国の章となりましたので、プロローグで述べた刺客事件の続きから入っていくことにします。

エドウィンはエオメルの毒を塗った剣で危うく命を落とすところでしたが、従士《セイン》ライラの自らの体を盾にした咄嗟《とっさ》の献身で助かりました。しかし、なぜ王であるエドウィンの許に刺客が送られてきたのでしょう。

それは、ウェセックス王クウィケルムの命でした。[*1] この暗殺未遂事件の前年、つまり六二五年、エドウィンのノーサンブリアはケントと連合して、ウェセックスのワイト島侵攻を阻止しました。ワイト島はケント王国の伝統的な支配地であり、エドウィンはそのワイト島の首長たちを保護したのです。この恨みのため、ウェセックス王はエドウィンにエオメルを送ったというわけです。

大切なセインのライラとフォルトヘレを殺され、自身も危うかったエドウィンの怒りは凄まじいものでした。急ぎ全軍を召集した彼はウェセックスを目指し、ヨークから一路南下します。そして「そこで五人の王を殺した」と『年代記』は記しています。この五人が誰なのかは不明です。たぶん誇張であり王ではないでしょう。ウェセックス南部の複数の首長を含む多くの人々が殺されたということです。エドウィンは大殺戮で復讐を果たしました。

かつてない統一を実現した覇王

ところでここでちょっと考えてみます。今、エドウィンは大軍を率いてヨークからウェセックスを目指し南下したといいました。これはイングランド縦断ともいえる大変な移動距離です。この間には、大きなマーシア王国や、テムズ川上流の渓谷沿いのアングロサクソン人の自立勢力があります。したがって、当然これらの国の中を抜けていかなければ南には到達しません。

けれども、エドウィンは抵抗を受けることなく進みました。前年のケントと連合してワイト島を守るために南に下ったときも、妨害はありませんでした。そもそも、国というものは、他国の軍隊に好き勝手に領内に入られて、いい気分でいられるはずはありません。それでもエドウィンが通ることができたのは、このときのマーシアが弱かったからです。手を出したくても出せなかったのです。マーシアは今に見ておれと、忸怩《じくじ》たる思いでエドウィンが通過するのを見ていたのでしょう。
実際この頃の七王国はエドウィンの為《な》すがままという感がありました。六二〇年代の後半から、エドウィン率いるノーサンブリア王国は、その勢力の絶頂期に達しつつあったのです。イーストアングリア、マーシア、ウェセックス、そしてウェールズのアングルシー島からアイリッシュ海のマン島まで。エドウィンはかつてなくその支配領域を拡大していきました。やがてこのことは、ベーダが『教会史』に次のように記した状況をもたらしたのです。

——一人の母親が乳飲み子を連れて一方の海（北海）からもう一方の海（アイリッシュ海）まで、何の危険な目にも遭わずに行くことができた。——

そう、エドウィンは戦乱に明け暮れていたブリテン島の広汎な地域に、一時的ですがこれまでは叶《かな》わなかった平和をもたらしました。七王国時代前期の最大のヒーローであり、まぎれもない覇王でした。五番目の。こんなにも強かったエドウィンですが、しかしその前半生は対照的に惨めでした。彼は足掛け一三年もの長い間、逃げ回っていたのです。

脱出したデイラの王子

エドウィンはデイラ王国の王子でした。このデイラとさらにその北のバーニシア王国は、ブリテン島に侵入してきたアングロサクソン人が六世紀前半頃までに建てた最北の王国でした。といっても、もともとそこにはブリトン人の小さな王国群があり、それらを征服・吸収する形でこのアングロサクソンの二王国は形成されました。よってアングロサクソン人がこの北の地域において人数的に多数派であるということでは必ずしもなかったのです。

デイラ王国で存在が確実とされている王はアエラ（アエレ、エレともいう）からで、教皇が派遣したアウグスティヌスを団長とするキリスト教伝道団がケントに着いた五九七年には、アエラはデイラの王として統治中でした。アエラの息子がエドウィンであり、生年は五八六年、姉にアクハがいました。このデイラ王国をエドウィンが一八歳だった六〇四年、隣国バーニシア王エゼルフリッドが襲ったのは前章で触れた通りです。結果、時のデイラ王でエドウィンの叔父（アエラの弟）とも兄ともいわれ、その正体がよくわかっていないエルフリックは殺され、アクハは無理矢理エゼルフリッドの妻にされます。エドウィンは命からがらわずかな側近と共に脱出し、かくして彼の長い逃避行が始まりました。

逃避行の果ての大勝利

エドウィン一行が最初に身を寄せたのはグウィネズ王国でした。ここで彼は王のカドヴァン・アプ・イアーゴから厚遇を得ました。しかし王の実子のカドワロンが強烈な対抗心、いや嫉妬心を燃やし、グウィネズにいづらくなったエドウィンは六年ほどいた後、次の亡命先であるマーシア王国に身を寄せます。そしてここでもエドウィンは王族のケアルルに気に入られ、彼の娘クウェンベルガを娶《めと》ります。そしてオスフリッドとエアドフリッドという二人の息子をもうけるのです。

が、グウィネズにカドワロンがいたように、マーシアにはペンダがいました。ペンダはケアルルの実子ではありませんでしたが、マーシア王家直系の王位継承者でした。そんなところにエドウィンがやってきて、ケアルルに可愛《かわい》がられ、しかも彼の娘との間に二人の息子すらつくったのです。もしかしたらその子供のうちの一人がマーシアの王位に就いてしまうかもしれない……玉座を乗っ取られる……。ペンダがエドウィンに反感を抱いたのは容易に想像できます。

ペンダの敵意に、エドウィンはマーシアにもいづらくなりました。折も折、エドウィンは自分と同じようにエゼルフリッドに追われ、ブリトン人の王国エルメットに匿われていた甥のヘレリックが毒殺されたことを知りました。居場所を知ったエゼルフリッドに脅され、エルメット王が裏切ったのです。

かくしてエドウィンはさらに安全な逃避先に移ろうと決意し、家族と供の者を連れ、六一六年にイーストアングリア王国のレドワルドの王宮にやってきたのでした。そこでレドワルドの後押しを受け、翌六一七年、アイドル川の戦いで憎き敵《かたき》エゼルフリッドを討ち取ってデイラに凱旋します。そして北隣のバーニシア王国を併合し、ノーサンブリア(Northumbria)王国を創建して、この新王国の王となったのでした。ノーサンブリアという名前は、ノースハンブリア(Northhumbria)、すなわちハンバー川の北という意味です。

このとき、陥落したバーニシアから脱出した者がいました。エドウィンの甥たち、すなわち姉アクハとエゼルフリッドの息子たちです。彼らは血の通った叔父ではあるけれど、父エゼルフリッドを殺したエドウィンを恐れ、さらに北の、スコット人のダルリアダ王国に逃れました。エドウィンがデイラから脱出したように。

宿敵を蹴散らして

エドウィンはノーサンブリア王になってから、とりわけ大きな借りがあって心理的に縛られていたレドワルドが世を去ってから、ブリテン島統一に向けて、動きを一気に加速します。まず、ウェールズ以外の地域に唯一残っていたブリトン人の王国エルメットを攻め、これを自領に組み入れます。エルメットは現在のヨークシャー州にあった王国であり、甥のヘレリックがエルメット王の裏切りによって殺されたことも、ここを征服した大きな動機だったでしょう。

そして満を持し、自分を可愛がってくれたカドヴァン王亡き後の北部ウェールズの王国グウィネズに攻め込んだのです。カドワロンが強烈な嫉妬心で亡命中のエドウィンを憎んだように、グウィネズを追い出される羽目になったエドウィンもカドワロンが大嫌いでした。今こそ仕返しとばかりエドウィンに攻められ、追い詰められたカドワロンは、アイルランドまで逃げていき、その地にしばらく潜んだといわれています。かくしてエドウィンはウェールズのアングルシー島からマン島、アイリッシュ海、そしてハンバー川以南のアングロサクソン各王国までに及ぶ、かつてない覇権を打ち建てたのでした。

ケントとの同盟へ

そんな覇王エドウィンが成し遂げたもう一つの偉業があります。ケントのエゼルベルト王亡き後、最大のキリスト教の庇護者になったことです。その物語は、エドウィンとエゼルベルトの娘エゼルベルガの結婚から始まります。

おっと、エドウィンにはすでにクウェンベルガという妻がいましたね。オスフリッドとエアドフリッドという二人の息子もいます。しかし、記録でちょくちょく出てくるこの二人の息子に比べ、クウェンベルガの名はマーシアでの結婚のとき以降は出てきません。恐らくどこかの時点で世を去ったものと思われます。

そのエドウィンは七王国統一のビジョンを実行に移していく過程で、同盟国をつくりました。自陣営を大きくするわけですから戦術的には極めて有効です。このときエドウィンには二つの国が同盟の選択肢としてありました。イーストアングリアとケントです。このうち、エドウィンが選んだ同盟相手はケントでした。もちろんケントのカリスマ国王だったエゼルベルトはとうに他界しており、息子のエアドバルドが跡を継いでいました。

エドウィンが接触してきたときは、ゲルマンの神々信仰に回帰していたエアドバルドは再びキリスト教信仰に戻っていて、彼はまだまだ往年のケントの勢いを感じさせる王でした。エドウィンはこういうケントに一定の敬意を払っていたといわれています。一方、イーストアングリアを同盟国として選ばなかったのは、エドウィンにとって魅力がなかったからです。確かにレドワルドには大きな恩を感じていました。けれどもその息子のエオルプワルドには何の義理も借りもなく、異教の王国イーストアングリアにエドウィンは得るべき新しさを感じませんでした。

エゼルベルガの輿入れ

加えてエドウィンがケントに惹かれた理由の一つが、フランク王国と関係を持てるかもしれないということでした。ケント王エアドバルドとその妹エゼルベルガの亡き母親は、フランクのパリ王カリバートの娘ベルタであることは既述しました。ケント王兄妹にとっては、フランクは母方の実家であり、メロヴィング朝の王族には兄弟の親戚がいたのです。つまりケントとの同盟は、「先進国」フランクとも繋がる可能性を孕んでいます。かような明白な理由からエドウィンは六二五年、ケントと同盟を結びました。エドウィンがワイト島防衛のために南下したのも、この同盟があったからです。

この両国が結んだ絆のさらなる象徴が、エドウィンとエゼルベルガとの結婚でした。エゼルベルガはキリスト教徒でした。ゆえにこの結婚には条件がありました。エゼルベルガのキリスト信仰のための諸々《もろもろ》の儀式や行事を決して妨げない、そのために聖職者がエゼルベルガに同行することを許す、といったことです。エドウィンはこれを受け入れます。そして自身もキリスト教に改宗しないまでも、その教えを敬うことを約束しました。

ビバリーにあるセント・メアリー教会のステンドグラスに描かれたエゼルベルガ
（提供：ユニフォトプレス）

このエゼルベルガの輿入れにキリスト教の聖職者を供に付かせたのは、ケント王国のカンタベリー大司教ユースタスの指示によるものです。エゼルベルト亡き今、周囲のアングロサクソン人の王国は彼らのもともとの信仰に回帰し、キリスト教の拠点はケント王国だけになっていました。

そんな折に、七王国で日の出の勢いのノーサンブリア王から、ケント王の妹に結婚の申し出があったわけです。ケントのキリスト教勢力にとっては、千載一遇の拠点拡大のチャンスです。何としてもエドウィンを取り込み、改宗させよう……。そんなわけでエゼルベルガに同行する聖職者としてユースタスが指名したのが、以前レドワルドを改宗させるミッションを帯びてイーストアングリアに赴いたことがあるパウリヌスでした。エゼルベルガの信仰のための儀式をつつがなく執り行うというのが同行の表向きの理由です。が、本当はエドウィンをキリスト教に改宗させるためでした。

かくして、高位聖職者パウリヌスを連れて、エゼルベルガ一行はノーサンブリア王国の首都ヨークへと輿入れしていったのです。それは四五年前、エゼルベルガの母ベルタが司祭リウドハルドを伴って異教の地ケント王国へ嫁いだことを思い出させます。今、母と同じような道を進みゆく娘。その気持ちは、どんなものだったのでしょう。

だんまりエドウィン

さて、ヨークの宮殿では妃エゼルベルガが毎日、熱心にキリストに祈りを捧《ささ》げています。その傍《そば》には常にパウリヌスがいます。時折、いや、かなりの頻度でパウリヌスはエドウィンに近づき、キリストの教えを説いたことでしょう。また、パウリヌスやユースタスの要請を通じて教皇ボニファティウス五世からもエドウィンに改宗を諭す手紙が届きます。が、エドウィンはうんともすんとも言いません。

あの刺客エオメルの事件があったのは、そんな頃でした。さすがに怒ったエドウィンは、パウリヌスに約束します。ちょうど事件があった晩に生まれた娘のエアンフレッドをキリストに捧げる、つまり洗礼させる。そして刺客を送ってきたウェセックスを首尾良く叩けたら、そのときは自分もまたキリスト教の洗礼を受けようと。してやったりと、パウリヌスは小躍りしたことでしょう。でも、ウェセックス征伐から凱旋してきたエドウィンは、相変わらずだんまりを決め込んだままでした。

エドウィンは、実は決めかねていたのです。キリスト教は確かに新しい魅力的な教えです。けれども、それが王国の皆にすんなりと受け入れられるかどうか。事実、七王国で最初に改宗したケントのエゼルベルト王の死後、すぐに周りのアングロサクソンの国々はキリスト教を捨て、元の信仰に戻っていきました。

その、キリスト教の伝道団を送ってほしいと教皇と事前コンタクトしたとされる当のエゼルベルトでさえ、アウグスティヌスがケントに上陸し初めて対面したとき、『教会史』によればこんなことを言っています。

――あなた方の教えは実に立派である。しかし、我々にも長い間大切にしてきた信仰があり、簡単にそれらを捨てることはできない。しかし、こんな遠いところまでやってきたあなた方の布教を妨げることはしない。――

新しいものには反発が多い。エドウィンにはそれがわかっていました。

ウィタンの招集

キリスト教を受け入れることが、自分たちの王国の統一を乱すことになりはしないか。エドウィンが頭を悩ませていたのは、この一点でした。ゆえに、キリスト教に改宗するのなら皆と共に、王国を挙げて、王国の全ての意思として改宗しなければ意味がない、と考えていたのです。

エドウィンは決断します。キリスト教へ改宗することの是非について、皆に忌憚《きたん》のない意見を聞くため、ウィタンを開催することにしたのです。ウィタン（Witan）とは、アングロサクソン時代の伝統的な王の諮問機関です。日本語では長老会議、あるいは賢人会議と訳されます。簡単に言えば政治や外交、王や王族の婚姻、反乱者への処罰などといった王の関心事や懸念事項に助言を行うものであり、ここでまとまったことは基本的に王国の決定事項となります。ウィタンを構成するメンバーは、キリスト教以前では神々への祭祀《さいし》を司《つかさど》る者、キリスト教化後は司教や司祭などの高位聖職者、王族、王のセイン、身分の高い平民などでした。

広間を飛ぶ雀《すずめ》……

招集されたウィタンでは、参加者はだいたいがキリスト教に悪い感情は抱いてない様子で、それぞれに意見を述べていました。中でも、ある長老の口から発せられた、深い意味を持った「雀の話」は、ウィタンの方向を決定したのです。『教会史』に出てくるこの話を、筆者なりの理解を交え紹介します。

――広間の炉には薪が赤々と燃え、中は暖かく、家臣たちが寛《くつろ》いでいる。外は真冬の嵐が荒れ狂っていて、冷たい雨や雪が降りしきっている。その広間の一方の扉から一羽の雀が飛び込んできて、ほんのつかの間この穏やかな空間を飛び、反対側のもう一方の扉から再び厳しい嵐の中へ出ていってしまった。外から広間に入ってきたときも、再び外に出ていったときも、雀には何一つ次に待っている運命がわからない。暖かく心地良いときはほんの一瞬……。王よ、我らも結局は、この雀なのだ。何が過ぎ去っていったのか。何が次に来るのか。確かなことは一つもわからないまま、ずっと生きてきた。だからもしもこのキリスト教なるものが、我々に「確かさ」を約束してくれるのなら、皆で信じてみようではないか。——

確かさ——。そうです。アングロサクソン人の、広い意味でのゲルマン人の社会は、厳しい社会でした。強い者が称賛され、弱い者は惨めでした。王とて例外ではありません。強さを示し地位を守るために真っ先に戦わなければならず、首を取られるどん底がいつも隣で待っていました。ある男は一族を代表する羽目になりいやいやながら復讐に赴き、返り討ちにされ、ある男は首長に反抗したため森に追放され、「人間狼《にんげんおおかみ》」とみなされて見つかり次第殺される運命となり、ある女は夫以外の男と情を通じたため石を抱かされ沼に沈められる……。すがるところのない辛《つら》さ、リアリズムが支配する社会でした。

それゆえ長い間、人々はこんな世を生き抜くための支えとなるもの、魂の拠《よ》り所《どころ》となる確かなものを探していたのでしょう。長老の話は、ですから皆の心の奥底に響いたのだと思われます。

まだまだ早かったキリスト教

ウィタンは、かくして王国を挙げてキリスト教に改宗することを決定しました。時に六二七年四月一二日。この日のために突貫工事で建てられたヨークの聖ペトロ教会（ヨーク・ミンスター）で、パウリヌスによって儀式を司られながら、エドウィンは家臣や大勢の住民代表と共に洗礼を受けたのです。ノーサンブリア王国の祝福の日でした。

考えてみるに、エドウィンが七王国はもちろん、広くブリテン島に支配権を打ち立てていけた背景には、改宗による意識変革があったのは間違いありません。キリストの先兵となり、ブリテン島に覇権を打ち立てるという目的は、彼の遠征の原動力になりました。かつてケント王国のエゼルベルトがやったことを、エドウィンはより大きなスケールで実行したのです。自分の洗礼後すぐに、レドワルドの後継者エオルプワルドを、有無を言わさずキリスト教に改宗させたのも、エドウィンの戦略の一環です。

しかし、キリスト教を前面に立てるというエドウィンの動きは、同時に彼自身の破滅への最大原因となりました。この頃、すなわち七世紀前半においては、キリスト教を信奉していたのは同盟国ケントとエドウィンの治めるこのノーサンブリアだけであり、大多数のアングロサクソン人の日常世界は、これまでの信仰を維持することで均衡が保たれていました。

エドウィンの行動は結局、この均衡を破ることであり、強い反作用を招いたのです。イーストアングリア王国のエオルプワルドを簡単に改宗させたように、エドウィンは伝統的な信仰を頑固なまでに守るマーシアのペンダを改宗させることは、いくらこの時点でのマーシアがノーサンブリアには敵わなくとも、ついにできませんでした。そしてペンダの、キリストを擁するエドウィンへの反感は、ほどなくタフな同盟者を獲得することとなったのです。グウィネズのカドワロンです。

ハットフィールド・チェイスの戦い

潜伏先のアイルランドからグウィネズにこっそり戻ってきて、力を蓄えていたカドワロンは、アングルシー島をエドウィンに抑えられている現状が許せませんでした。そこでマーシアのペンダに、共に組んでエドウィンを倒そうと話を持ちかけました。力が足らず我慢していたペンダは、同盟者がいるならあの強力なエドウィンを倒せるかもしれないと、話に飛びつきます。

もともと二人には、「エドウィン憎し」の共通項がありました。エドウィンがかつてそれぞれの国に匿われていたとき、カドワロンは父親の愛を独占されたと嫉妬し、ペンダは王位を奪われかねないと恨んだ経緯があります。

かくしてすんなりと同盟は成り、カドワロン・ペンダ連合軍とエドウィンのノーサンブリア軍は、ついに激突します。世にいうハットフィールド・チェイスの戦い（Battle of Hatfield Chase）です。場所は現在のイングランド中北部サウスヨークシャー州の都市ドンカスター近郊であり、六三三年一〇月一二日のことでした。

兵力はノーサンブリア軍が優勢でしたが、連合軍には「怒り」という勢いがありました。結果はノーサンブリア軍の惨敗でした。多数の兵が殺されました。アングロサクソン人の王として軍の先頭で戦ったのでしょう、エドウィンもここで討たれました。四八歳でした。エドウィンがブリテン島に覇権を確立していったのが六二〇年代の半ば以降ですから、およそ八年の間、ブリテン島に平和をもたらしたということになります。ほんの一時期と言ってしまえばそれまでですが、戦乱の絶えない七王国にあって、やはり偉業でした。

エドウィンが先妻クウェンベルガとの間にもうけた二人の息子オスフリッドとエアドフリッドもこの戦いに加わりました。そして兄のオスフリッドは父エドウィンと共に戦死します。弟のエアドフリッドはペンダ軍に捕まり、後に処刑されました。エドウィンがマーシアに身を寄せたのが六一〇年頃で、すぐにクウェンベルガが上の子を産んだとすると、オスフリッドは二二歳くらいということになります。二人とも逞《たくま》しい王子であり戦士だったという話が伝わっています。

オスワルドとオスウィ

エドウィンが殺された後、ノーサンブリア王国はデイラとバーニシアに再び分裂します。そのうちデイラはエドウィンの従兄弟《いとこ》のオスリックが王となり、バーニシアはエアンフリッドが王位に就きます。エアンフリッドは、かつてエドウィンを執拗《しつよう》に追ったエゼルフリッドの最年長の息子です。父親がアイドル川で殺された後、叔父のエドウィンを恐れて北のスコット人のダルリアダ王国に逃れていたのですが、エドウィンが死んだのでバーニシアに戻ってきたのです。

けれどもオスリックとエアンフリッドは、すぐにカドワロンに殺されてしまいます。この後、兄のエアンフリッドが殺されたことを知った弟のオスワルドが、すい星のごとく亡命先のダルリアダ王国から戻ってきます。オスワルドは亡命先ですでにキリスト教の洗礼を受けていました。六三四年、彼は寡兵ながら隙をついてカドワロンを襲いその首を取ります（デニセスブルナの戦い）、再びデイラとバーニシアを統合してノーサンブリア王国の王となります。このオスワルドをベーダは六番目の覇王に挙げています。しかし、そんなオスワルドもペンダに殺され、今度はペンダがオスワルドの弟のノーサンブリア王オスウィに殺されます。オスウィはベーダが七番目の覇王とする人物です。このオスワルドと、その弟のオスウィについては次章でも触れます。

王妃たちのヨーク脱出

一方、エドウィンの妻エゼルベルガと子供たちは、その後どうなったのでしょう。ハットフィールド・チェイスでノーサンブリア軍が破れ、国王エドウィンが死んだという報に首都ヨークはパニックに陥りました。勝利の勢いを駆って敵が来れば、王族が真っ先に殺されるのは世の常です。一刻も早く脱出しなければなりません。しかしエゼルベルガが心配していたのは、カドワロンやペンダだけではなかったのです。

恐ろしかったのは、スコット人の国に亡命していたエゼルフリッドの息子たち、つまりオスワルドたちでした。彼らの父親を殺したエドウィンは、叔父とはいえ憎い仇《かたき》です。そのエドウィンがいなくなった今、彼らが北から戻ってきてエドウィンの一族に報復を加えることは十分予測できました。

また、その頃ヨークの司教となっていたパウリヌスも、キリスト教の庇護者エドウィンがいなくなった今、どうなるかはわかりません。一刻も早く本拠地カンタベリーに戻り、ケントのどこかの教会でいい地位に就いて楽をしたいと考えていたでしょう。

この窮地を救ったのは、エドウィンの屈強な従士《セイン》バッススでした。彼は、パウリヌスと王妃エゼルベルガ、王女エアンフレッド、王子ウスクフレア、そしてエドウィンと共に戦死した王子オスフリッドの息子イッフィを守り、ヨークを船で脱出し、海路ケントまで無事運んできてくれたのでした。ときのカンタベリー大司教ホノリウスは、戻ってきたパウリヌスを温かく迎えます。その後パウリヌスはケントのロチェスターの司教になるのですから、彼にとってヨーク脱出は大正解でした。

子供たちのその後

エゼルベルガは、兄のケント王エアドバルドと王宮で以前と同じように過ごします。が、ノーサンブリアを再統一して王になったオスワルドの動きが気になって仕方がありません。兄の動向もどこか引っかかります。というのも、ケントは、エドウィンが王のときノーサンブリアと同盟を結びました。これは国同士の同盟ですから、王がエドウィンからオスワルドに代わっても破棄しない限り有効です。

ゆえにオスワルドが、ヨークから連れてきた二人の正当な王位継承者ウスクフレアとイッフィを差し出せと要求してきた場合、兄もそれに同調するに違いないとエゼルベルガは確信していました。実際、オスワルドにはそのような意図があったようです。ノーサンブリアの支配を安定させるためにも、エドウィン直系の後継者は彼にとっては邪魔なのです。

そのことを察知したエゼルベルガは、娘のエアンフレッドを除き、二人の男子を母方の親族がいる大陸フランク王国に預け、ダゴベルト王に養育を依頼しました。王は彼女のまた従兄弟にあたります。

しかし、フランクに逃れた幼いウスクフレアとイッフィの二人は、やがて病で死んでしまいます。結局残ったのは、ケントの母親の許にいた娘のエアンフレッドでした。そしてこの娘が、オスワルドが殺された後、その弟でノーサンブリアの王位に就いたオスウィの妃になるのですから、運命の歯車とは、なかなかに込み入った回り方をするものです。

註

＊1　『年代記』はクウィケルムをウェセックス王と記述しているが、英国史においては正式なウェセックス王としてカウントされていない。クウィケルムはキネギルス王の息子であり父の統治に加わっていたとされている。

Ⅳ

覇王になれなかった異教の王
―ペンダ（マーシア王国）―

ウィンウェド川の戦いで殺害されるペンダ王。
『Hutchinson's Story of the British Nation』
の挿絵より
（提供：Bridgeman Images/ユニフォトプレス）

ベーダに嫌われた王

これから語っていくマーシア王国のペンダ（Penda）は、悪く書かれた王です。本書でたびたび引用しているベーダの『教会史』は、ペンダを「異教徒」とか「残忍」だとか、またペンダのやったことを「可能な限りあらゆる物を剣と火で破壊した」とか、「無情な破壊で広範囲にわたって荒廃させ」たとか、とにかく良くは言っていません。ただし、ベーダはマーシアの全ての王をペンダのようにけなしているわけではありません。ペンダの息子のウルフヘレ王や、そのまた息子のケンレッド王の行いなどは讃《たた》えています。彼らがキリスト教徒だったからです。

要するにキリスト教の修道僧であるベーダは、アングロサクソン伝統の神々を信奉し、キリスト教に改宗しないペンダが嫌いなのです。

――異教徒ども（pagans ペイガンズ）。――

ベーダをはじめ、キリスト以外の神を全く認めない非妥協の一神教であるキリスト教の信徒が、他宗教の信者を指弾して呼ぶ言葉です。キリスト教以外の人々から見れば、キリストを信じる者こそ異教徒なのですが。

したがって、ただでさえベーダはキリストを信じないペンダが嫌いなのですが、さらに許せないのは、ベーダがエドウィン以上に敬愛してやまないオスワルドをペンダが殺したからです。ノーサンブリアに生まれ、ノーサンブリアで死んだ修道僧ベーダは、基本はカソリックでありながら、ケルト系（アイルランド系）キリスト教[*1]に大いなる親しみがありました。そんなベーダだからこそ、ケルト系キリスト教徒であり、スコットランドのアイオナ修道院から高位の聖職者エイダンを招いてリンディスファーン修道院を建てたオスワルドが好きでたまりませんでした。

ベーダの『教会史』には、これでもかというぐらい、オスワルドにまつわる奇跡・伝説が記されています。ベーダが生まれるほんの三〇年前に死んだオスワルドへの思いが、彼の本にはいっぱい詰められているのです。そんなオスワルドを殺したペンダを、ベーダが好きになれるはずはないのです。もっともこれはベーダのかなり癖のあるキリスト教的善悪観、倫理観に基づいた「偏った」ペンダ像であるといえます。ならば、実際のペンダはどんな王だったのでしょうか。

四人の王を殺した王

端的にペンダを言い表すなら、彼は典型的なアングロサクソンの戦士王でした。勇敢で、戦いでは敵国の王の首を取り、そして自身も最期は首を取られるという、ゲルマンの首長そのもののような生き様を見せました。そういう意味では、凄まじいまでに「迫力のある」王でした。

実際、ペンダは四人の王を戦いで殺しています。ノーサンブリアのオスワルド王、イーストアングリアのシグベルト王、エグリック王、アンナ王。カドワロンと同盟して倒したノーサンブリアのエドウィンも加えるなら、実に五人もの王をペンダは戦いで倒しています。最強の王です。

しかもその絶頂期、彼はウェセックス、イーストアングリアなどハンバー川の南に上王権（Overlordship）を打ち立て、北のノーサンブリアにも深く攻め入りました。覇王といっても少しもおかしくありません。しかし、ベーダの『教会史』や『年代記』はペンダを覇王としてカウントしていません。キリストを信じないゆえに、記録を残す側から意図的に偉業を無視され、悪く書かれた王。ペンダはそんな歴史の「被害者」でもありました。

広いが地の利が少ない王国

ペンダがいたマーシア王国は、イングランドの最奥部に成立した王国です。その首都をタムワースに置いたマーシアは、北はノーサンブリアと、東はイーストアングリアやエセックスと、南はウェセックスやサセックスと、そして西はウェールズと国境を接していました。要するにマーシアは東西南北を「敵」に囲まれており、守りという面からはいろいろと難がありました。

また、国の面積では七王国で最大でしたが、海にほとんど面していないので良好な湾や港もなく、さらにテムズ川やハンバー川のような水運に適した河川にも恵まれておらず、必然的に人や物の行き来にハンディキャップを負わざるを得ませんでした。こうしたことが理由で、何事にも最新の流行に後れを取ってしまう、キリスト教への改宗も七王国で最後という具合に、僻地《へきち》の王国といった感がどうしても拭えません。マーシア人を指すMerciansという古い英語自体が、辺境の人々という意味です。

言い方は悪いですが、ブリテン島に侵攻したアングロサクソン人が早いもの順とばかりに、次々といい場所を取って王国を建て、最後に残った広いけれどもあまり地勢的に利のない土地にできたのがマーシア王国だったといっても、さほど外れてはいないでしょう。

記録ごとに異なる即位の年

マーシア王国を創建したのは六世紀終わり頃のクレオダ王といわれ、彼の実在は確かだったろうと考えられています。クレオダの息子がピッバで、ペンダはこのピッバの息子です。ネンニウスの『ブリトン人の歴史』によれば、ピッバにはペンダやエオワなど一二人の息子がいたと記されています。ただ、多くの七王国の王たちのディテールがよくわかっていないように、ペンダがいつ即位したのか、またどのくらいの期間統治したのかといったことははっきりしません。というか、記録ごとにかなりバラつきがあります。

『年代記』は、ペンダは六二六年に即位し、三〇年間王位にあり、即位したときは五〇歳だったとしています。つまり死んだときは七九歳だったということです。まあ、昔でも稀《まれ》にこのくらい長生きした人はいるでしょう。しかし後述しますが、ペンダはノーサンブリア遠征で死んだのであり、いくら戦士王でもその年で遠くまで戦いに赴くのはちょっと無理ではないか、という気がします。よってペンダは死んだときが五〇歳で、王になったのは二〇歳という説得力を持った解釈があります。

他方『ブリトン人の歴史』は、ペンダの即位をもっと後の、これも後述しますがペンダがオスワルドを殺した六四二年のマサーフェルスの戦い前後に置いています。またベーダは『教会史』で、エドウィンを殺したハットフィールド・チェイスの戦いの年、すなわち六三三年よりペンダの統治が始まったとしています。

自立勢力分立のマーシア?

かように記録ごとに異なりますが、現在ではベーダの言に近く、ハットフィールド・チェイスの戦い前後にペンダはマーシア王になったという見方が大勢です。ただ、そうはいっても前と後では大きな違いがあります。仮に後だったら、ペンダはハットフィールド・チェイスの戦いに赴いたときは王ではなかったわけです。つまり、グウィネズのカドワロンは王ではない人間を同盟者にしたことになります。

これには次のような見解があります。この頃のマーシアはまだ一人の王に統治されるような国の状態ではなく、複数の自立勢力が連合したような形ではなかったのかと。その中の一つの山がペンダを首長とするグループで、もう一つ有力なピークがケアルルを首長とする集団だったのではないか、と。ケアルルは既述の、逃げてきたエドウィンに好意を寄せたマーシアの王族とされている人物です。

もちろん、これはあくまでもペンダの即位がハットフィールド・チェイスの戦いの後であるとした場合の解釈です。一般的には、エドウィンがマーシアに身を寄せてきた頃にはマーシアはとうに統一されていた王国であり、ケアルルはペンダの父ピッバの血縁者であって、ペンダとケアルルは王位をめぐるライバル同士だったというのが支持されている見解です。そうではあっても、国土が七王国で一番広いマーシアには、アングロサクソン人の自立勢力があちこちにあって、一つの王国としてまとまるには少し時間がかかったのだという考えは、それなりに納得でき面白い気がします。

国力の充実にいそしむ

ともあれ、ペンダは六三三年前後にマーシア王となりました。さてその後です。ハットフィールド・チェイスの戦いでペンダと連合しエドウィンを破ったカドワロンは、勢いに乗ってノーサンブリアを攻め、これを散々に荒らし回ります。

しかし、ペンダはカドワロンとその後も行動を共にすることなく、マーシアに帰りました。翌六三四年、カドワロンがオスワルドに討たれたデニセスブルナの戦いにも、ペンダマーシアの王となったばかりのペンダは、国の力を溜《た》めるのに忙しかったのだといわれています。マーシアを強くするために必死だったのです。ノーサンブリアのオスワルドが攻めてくるかもしれません。カドワロンと一緒にエドウィンを殺したわけですから。

けれども、オスワルドはカドワロンを倒した勢いでマーシアには入ってきませんでした。オスワルドにとっては、カドワロンは兄のエアンフリッドを殺した憎き仇でした。ただエドウィンは叔父ではありますが、自分の父エゼルフリッドを殺した人間です。したがってそのエドウィンを倒したペンダには、さほどの敵意が湧かなかったものと考えられます。

とはいえ、晴れてデイラとバーニシアを再統合し、ノーサンブリア王国を復活させたオスワルドには、マーシアは自分に従うべき国であり、上王権を行使する対象です。ペンダは、今は国の力を充実させるのが先決と、この時期はオスワルドを上王として認め、ノーサンブリアには大人しく従っていました。

そして時は流れ、エドウィンを倒した戦いから七年経《た》ちました。力も溜まってきました。ペンダはいよいよオスワルドへのチャレンジを開始します。彼は東へ、エドウィンの時代からノーサンブリアの上王権が及んでいるイーストアングリアへ軍を向けることにしましけるために。オスワルドがどう出るかを探るために。オスワルドに俺は強いぞとプレッシャーをかた。

イーストアングリアへ侵攻

ペンダがイーストアングリアに侵入してきたのは六四〇年頃とされており、時のイーストアングリア王はキリスト教徒のエグリックでした。彼はシグベルト王の義弟です。シグベルトはすでに触れたように、殺された異母兄弟のエオルプワルド王の跡を継ぐため、亡命先のフランク王国から戻ってきてイーストアングリアの王となった人物です。彼はフランクにいたときに洗礼を受けた敬虔《けいけん》なキリスト教徒であり、かねてから望んでいた祈りの修道院生活に入るため、王位をエグリックに譲っていました。

そのエグリックは、ペンダとの戦いでどんどん押されていきます。そこで彼は、引退したとはいえいまだ人望の厚いシグベルトに助勢を頼みました。要請に応じて修道院から出て軍に加わったシグベルトに、イーストアングリア兵の士気は高まります。しかし、結局イーストアングリア軍は勇猛なペンダ軍に散々に打ち破られ、エグリックとシグベルトは殺されてしまいます。ペンダは、まず二人の王を倒したのです。

恐らく、ペンダのお手並み拝見といった気持ちでこの戦いの行方を見守っていたオスワルドは、ペンダ勝利の報を受けて決意します。

――ペンダは叩かねばならぬ。我がノーサンブリアがハンバー川南部の支配において変わらぬ優勢を保つために。――

そして二年後。ついにペンダとオスワルドが南部の覇権をかけて激突する日がやってくるのです。

マサーフェルスの戦い

六四二年（六四一年ともされる）八月五日。マサーフェルスの戦い（Battle of Maserfelth）はかくして始まりました。場所は今日のシュロップシャー州の町オスウェストリー界隈《かいわい》とされています。マーシアとウェールズの国境付近であり、この時代はウェールズ領だったという説もあります。この位置から判断すると、オスワルド率いるノーサンブリア軍がマーシア領に深く侵攻してきた格好です。ペンダを絶対に打ち砕くというオスワルドの強い意志が感じられます。

この戦いでは、中部ウェールズの王国であるポウィスの王キンディラン・アプ・キンドルウィンが、軍を率いてペンダのマーシア側に付きました。キンディランは、以前もペンダの父親のピッバと同盟を結んだことがあるといわれています。また、ポウィスだけではなく、北部ウェールズの王国グウィネズの援軍もこの戦いではペンダ側に加わっていたとされており、ここにマーシアというアングロサクソン人の王国の、地理的特性を見ることができます。

七王国のどの国より、マーシアは長大な国境を挟んでウェールズと向かい合っています。つまりマーシアにとっては、ウェールズ人は隣人にほかならず、よってお互い関係を持たないでいることは不可能です。反発一辺倒では決してなく、結ぶべきときはしっかり結ぶ。ウェールズ側とマーシアには、多彩な連絡チャンネルがあったはずです。オスワルドを破った後の取り分がしっかりと話し合われていたからこそ、ポウィス王キンディランはペンダ陣営に加わったのです。

そしてもう一人、この戦いに加わった注目すべき人物がいます。ペンダの弟のエオワです。彼はペンダを補佐するマーシアの副王的立場だったというのが通説です。が、エオワは北部マーシアの王として、ペンダは南部マーシアの王として、共同で王国を統治していたとする説もあります。さらには、このマサーフェルスの戦いの頃までは、エオワの方が実質的なマーシアの支配者だった、すなわち王だったのではないか、とする見方もあります。記録がほとんどないので、こうしたさまざまな説が出てくるわけですが、それだけエオワが有能だったということでしょう。

オスウェストリーの由来

ところで肝心のマサーフェルスの戦いです。両軍がどう布陣し、どう戦闘が展開し、どう帰趨したかといった戦いの経過そのものは、残念ながらわかっていません。ペンダが軍をウェールズ領内に退かせたのを見て、これで勝ったと油断したオスワルドが伏兵に突かれたとか、巷説《こうせつ》はそれなりにあるようです。しかし、史料的な裏付けのあるものは一つもありません。確かなことはノーサンブリア軍が敗れ、オスワルドがここで殺されたという結果です。

『教会史』には、オスワルドがペンダ軍に取り囲まれ、今まさに斬首されようというとき、彼がすでに命を落とした多くの自軍の兵を思い、その魂の安らぎのために神に祈ったことが記されています。ベーダは、最期のときまで人々を思い憐《あわ》れむオスワルドの崇高さを伝えたかったのでしょう。実際にオスワルドがこう祈ったかどうかは、知る術《すべ》もありませんが。

『教会史』にはまた、オスワルドの首と手と腕をペンダが木に架《か》けるように命じたとあります。異教徒ペンダの残忍さを、これでもかというくらい強調しています。ちなみに現在の町オスウェストリー（Oswestry）は、オスワルドの体が吊《つ》るされた木「オスワルドの木＝Oswald's Tree」が由来です。エグリック、シグベルトに続いて、ペンダはこれで三人目の王を討ち取りました。

戦いではペンダ軍にも犠牲者が出ました。弟のエオワが死んだのです。でも、これはペンダにとっては僥倖《ぎょうこう》だったのかもしれません。一説のようにエオワが実質的なマーシアの支配者だったり、あるいはペンダをも凌ぐ副王だったとしたら、目障りなライバルを始末できたことになります。ひょっとしたら、後ろから矢が飛んできたのかも。

妹を離縁されたので攻めた？

ペンダは、目の上のたん瘤《こぶ》だったオスワルドを排除した後は、もうやりたい放題といってもいいほどの動きを見せ始めます。マサーフェルスの戦いから三年後の六四五年、彼はウェセックスを攻めます。表向きの理由は、同盟国ウェセックスの王が「不義理」を見せたから、ということになっています。ウェセックス王のケンワルフはペンダの妹を妻にしていて両国は同盟関係にありました。しかし、ケンワルフが妻を離縁して新しい妃を迎えると、怒ったペンダはウェセックスを攻めてケンワルフを王宮から追放してしまうのです。

離縁したのは、ペンダの妹が悪妻だったせいかもしれません。所詮、夫婦間のことであり、それで攻め込んでくるのは明らかな言いがかりです。実際はペンダのハンバー川南部制覇への一環です。宮殿を追い出されたケンワルフは、イーストアングリアに逃れて、アンナ王の許に身を寄せます。

アンナはペンダに殺されたエグリックの跡を継いで王になりました。彼もベーダが礼賛する敬虔なキリスト教徒でした。ところでこのアンナ王、第Ⅱ章に出てきた「サトン・フーの船塚」に葬られた王の候補としても挙げられています。レドワルドだと、船塚に葬られるには時代が少々早すぎるのではないかとする意見が一部にあるからです。

今やペンダはウェセックス、イーストアングリアといったハンバー川南部の有力な王国に、上王権を及ぼしています。他方、ハンバー川の北、すなわちノーサンブリアは、南下してきた王のオスワルドを倒しただけです。完全に屈服させるためには、北に進軍して武力制圧しなければなりません。七王国中に完全なる覇を打ち立てるため、ペンダがいよいよ仕上げのノーサンブリア遠征に向かいます。

いよいよノーサンブリアへ

ここでマサーフェルスの戦いの後の、ノーサンブリア王国の動きをざっと概略します。オスワルドが殺された後、ノーサンブリアはまたまたバーニシアとデイラの二王国に分裂しました。このうちバーニシアは、兄オスワルドが殺されたと知って、スコットランドのダルリアダ王国に留《とど》まっていた末の弟オスウィが戻ってきて王になります。一方、デイラではすぐに誰かが王位を継ぐということはなく、八〜九年ほどの空位、というか混乱があった後に、オスワルドの息子のエゼルワルドが王になりました。このエゼルワルドが、やがて驚きの動きを見せるのです。

ペンダのノーサンブリア侵攻は三回に及びます。一回目のノーサンブリア侵攻は六五一年であり、『教会史』にはマーシアの軍隊はノーサンブリア人の地域を無情にも広範囲にわたって破壊し荒廃させたとあります。このとき、ペンダ軍はまだ存命だった聖職者エイダンがいるリンディスファーン修道院のすぐ傍のバンボローまで北上してきました。

ペンダは町中に材木や藁《わら》を積んで全て燃やしてしまえと命令します。リンディスファーン修道院で町から煙が上がるのを見たエイダンは、「主よ、ペンダは何という悪をなそうとしているのでしょうか」と天を仰ぎ言いました。すると、ただちに煙や焔《ほのお》はペンダの兵に向かい、皆恐れおののいて町を破壊するのを止めたと、『教会史』は語っています。

バンボローはスコットランドとの境界付近にあるノーサンバーランド州の町です。つまり、ノーサンブリアは、ペンダ軍にデイラを抜かれ、バーニシアの北限まで蹂躙されたわけです。続けて『教会史』はエイダンが亡くなって数年後、たぶん六五二〜四年の間に、ペンダが二回目のノーサンブリア侵攻を行い、このときもリンディスファーン修道院の近くまでやってきて可能な限りの破壊をしたとあります。

この間、バーニシア王のオスウィはどうしていたのでしょうか。彼はペンダの侵攻時は北に、亡命時から所縁のあるスコットランドに、一旦逃げていました。戦術的撤退というわけです。勢いのあるペンダとまともにぶつかるのは愚の骨頂ということです。

再びイーストアングリアを攻めた理由

ところでペンダは、この二回目のノーサンブリア侵攻直後の六五四年、妙な動きをします。一四年前に侵攻したイーストアングリアに再び軍を進め、アンナ王を殺すのです。これでペンダは四人の王を倒したことになります。

しかし、なぜ彼はノーサンブリアを攻めている最中に、イーストアングリアに向かったのでしょう。なるほどアンナ王はペンダの妹を離縁したウェセックスのケンワルフ王を匿っていました。しかしそのことが、このタイミングで攻める理由になるのでしょうか。ケンワルフがイーストアングリアに逃げていたことは、ペンダもかなり前から知っていたはずです。

考えるに、ペンダはアンナに出兵要求をしたのではないでしょうか。ノーサンブリアを攻めるための。これを自分の上王権を認めているはずのアンナが断ったから、怒ったペンダが攻撃したのだと。というのも、アンナが殺された後イーストアングリアの王になったエゼルヘレは、二つ返事でペンダ軍と共にノーサンブリア遠征に行ってしまう見事な傀儡《かいらい》王《おう》でした。ペンダが自分のいうことを素直に聞く王に挿《す》げ替えたかったのだと理解すれば、イーストアングリアを攻めた本当の理由も何となく見えてきます。

エゼルヘレだけではありません。六五五年、ペンダの三回目のノーサンブリア侵攻には、北部ウェールズのグウィネズ王、カダファエル・アプ・キンフェズも加わっていました。カダファエルはオスワルドに殺されたカドワロンの跡を継いでグウィネズ王になりましたが、カドワロンと血の繋がりはありません。カダファエルは、オスウィが支配している北部ブリトン人の王国、ゴドディンの土地を狙っていたからだとされています。

そしてもう一人、ペンダ陣営にはとんでもない男がいました。殺されたオスワルドの息子でオスウィの甥エゼルワルドです。彼はこの頃にはデイラの王になっていましたが、オスウィとしっくりいかず、叔父よりはペンダと組んだ方が統治がうまくいくと考え、ペンダに接近していったようです。しかし、いくら何でも父オスワルドを殺した男と組むのは、問題があり過ぎると思いますが。

大連合軍来る！

かくしてペンダ、エゼルヘレ、カダファエル、エゼルワルドの大連合軍はオスウィに迫ります。いよいよ最後の戦いの幕が上がりました。ベーダによれば、連合軍はオスウィ軍の三〇倍の兵力だったとのことです。仮にオスウィ軍が一〇〇〇人の兵なら連合軍は三万人となり、これはもうまともにぶつかっては話になりません。ただし、連合軍は、にわか集団であるのは確かで、それぞれ思惑も違います。こういう大軍は往々にして乱れが生じるものです。よって、相手の隙や油断を見逃さないことが戦いのキーポイントになってきます。

ペンダの大連合軍はバーニシアを悠々縦断し、オスウィは例によって北へ退避します。が、イウデウというところでついに包囲されてしまいます。イウデウがどこなのか、確かなことはわかっていませんが、現在のエディンバラの北西約五〇キロメートル、スコットランドのフォース湾の最奥部付近にある町スターリングではないかという説があります。ずいぶん北に、オスウィは逃げて行きました。もっともオスウィにとっては、スコットランドは亡命中に過ごしたところであり、よく知っているのでどうってことはなかったのでしょう。

包囲したペンダは、オスウィの息子で一〇歳になるエグフリッドを人質に差し出すことと、多額の財貨を自分と同盟軍に差し出すことを要求します。オスウィは、自分の王国をこれ以上破壊するのを止めること、そしてペンダが軍を撤退することを条件に要求を全て飲みます。ペンダはこれを了承し、王子エグフリッドは人質としてすぐにマーシア王宮の妃キネウィッセの許に送られます。

多額の財宝を手に入れた連合軍は、オスウィとの合意に基づいて軍を引き上げ始めました。問題はこの撤退です。連合軍はそれぞれ勝手に動き、バラバラに退却を始めました。グウィネズのカダファエルはいの一番に、あっという間に国に戻っていきました。連合軍の間には、ペンダがオスウィと合意した内容に、恐らく分け前のことに不満があったといわれ、たぶんカダファエルの動きはそれを反映したものだったのです。

この敵の乱れを、オスウィは見逃しませんでした。軍は、退却時が一番危ないのです。彼はもう一人の息子アルドフリッドと共に迅速に動ける小隊を率いて撤退するペンダ軍を追い南下、ウィンウェド川の手前で敵軍を捕捉します。ウィンウェド川はハンバー川の支流といわれています。

ウィンウェド川の戦い

六五五年一一月一五日、ついに戦いは始まりました。ペンダ軍はオスウィの小隊が接近しているのに全く気がつきません。彼らにとっては、今回の遠征はもう終わったものであり、戦う気持ちや緊張感はとうに失《う》せていたのです。そこに不意にオスウィ軍が現れました。ペンダ軍は大混乱に陥ります。このとき、オスウィの甥でペンダ側についていたエゼルワルドの部隊は、決戦場とは少し離れた場所に移動していました。いち早くオスウィが来るのに気がついたのかどうかはわかりません。が、結果的にエゼルワルドは戦いを傍観することになり、参加はしませんでした。

オスウィの奇襲を受けたのはペンダ本軍とイーストアングリアのエゼルヘレの部隊でした。ほとんど、戦う前にペンダ軍は潰走状態となり、ウィンウェド川を渡って逃げようとします。しかし、折から晩秋の大雨で川は増水していました。それでもパニック状態で川に兵が殺到し、溺死する者、流される者が続出しました。その数は、剣で殺された者より遥かに多かったということです。ペンダ軍はここに瓦解します。エゼルヘレは囲まれ、孤立無援の中で殺されました。ペンダは捕えられ、オスウィの前に引きずり出されます。オスウィは剣を抜き、自らペンダの首を刎《は》ねました。復讐でした。ペンダに無残に殺された兄オスワルドの。

寡兵にもかかわらず、オスウィはこうしてペンダ軍を破りました。完全勝利です。決して無理をせず、退くときは退いて、差し出すときは差し出して、じっとタイミングを待つ。

軍事指揮官としてのオスウィの才は際立っていたということでしょう。戦いの後、オスウィはデイラとバーニシアを統合し、三度目となるノーサンブリア王国再生を果たし、王となりました。こんなオスウィを『教会史』と『年代記』は七番目の覇王に挙げています。確かに頑張った王です。それでも覇王というのは……という気がします。

ところで、ウィンウェド川で洞《ほら》が峠を決め込んだエゼルワルドは、その後の記録に出てきません。ペンダの負けが見えたところで、叔父オスウィに恭順の気持ちを示そうとしたようですが、結局はペンダをも裏切ったこの反逆癖のある甥を、オスウィは無視し続けました。そうしてエゼルワルドは、表舞台から消えていったのでしょう。

戦士王として実直に戦い続けた男

かくして、ペンダの戦いだらけの生涯は幕を閉じました。四人の王を、いやエドウィンを加えて五人の王を殺した猛々しい戦士王でした。ハンバー川南の上王となり、北も一時支配しました。そこを見るなら、オスワルドやオスウィより、遥かに覇王なのです。

そんなペンダは、キリスト教徒ではありませんでした。よってベーダはペンダを異教の王と嫌いました。けれども、ペンダはキリスト教には改宗しませんでしたが、キリスト教徒を嫌ったり、迫害したりしたわけではなかったのです。奇《く》しくもそのことは、ベーダ当人が語っています。

ペンダ王は、誰かがキリストの教えを聞きたいと願うのなら、彼自身の王国においてもその布教を禁じることはなかった。

（『教会史』第三巻二一章　筆者訳）

つまり、ペンダは実直な王だったのです。自身はキリスト教が好きではなくとも、彼の王国の人々がその教えを聞きたいというのなら、そこまでは邪魔しない。また、戦いで殺した相手の王がキリスト教徒だったから、ということではなく、アングロサクソン人の王として、戦士王として、自分がどこまで上ることができるか試し続けていった道で、そういった王たちを結果的に倒していったのだ、と。実際のペンダは、だから素直に、真っすぐに生きたのだと考えます。

繰り返しますが、ベーダは基本的にペンダを非難していました。でも、ほんの一、二行ながら、右の言葉を残しました。これで、ペンダも、我々も、救われている気がします。

＊註

＊1　キリスト教は三一三年の有名なミラノの勅令によってローマ帝国に公認されると、大陸ガリアからブリテン島やアイルランドへ瞬く間に伝わる。しかしその後、ブリテン島では五世紀中頃から侵入してきたアングロサクソン人により、後にイングランドと呼ばれるようになる広汎な地域でキリスト教は一旦駆逐される。これに対し、アングロサクソン人が来なかったアイルランドやブリテン島西部（ウェールズ）ではキリスト教は絶えることがなく、やがてアイルランドからブリテン島北部（スコットランド）へ、キリスト教を伝える流れが始まる。このキリスト教がケルト系（アイルランド系）キリスト教である。他方、イングランド地域で一時期絶たれたキリスト教は、教皇が派遣した伝道団がケントに来たことでまた広がり始める。このローマから再来したキリスト教がカソリックで、パウリヌスがエドウィンに洗礼を施したのもこれである。ケルト系キリスト教が修道院を中心にして自己修練を図り、研鑽《けんさん》を積んだ修道僧個人が各地に放浪的な布教の旅をするのに対し、カソリックは大司教―司教―司祭といった教会組織のヒエラルキーを大原則に地域に根付いた布教を行うのが特徴。聖職者の見た目にも違いがある。ケルト系は前頭部を剃《そ》り、カソリックは頭頂を剃髪《ていはつ》する。

V

シャルルマーニュと渡り合った「アングル人の王」

―オッファ（マーシア王国）―

14世紀の宗教書に描かれたオッファ王
（提供：Bridgeman Images/ユニフォトプレス）

ウェセックスの印象が悪いオッファ

前章に続いて、マーシアの話です。七王国時代中期のマーシア王オッファ（Offa）は、その成し遂げたことを考えれば、ペンダと同様に覇王に挙げられても少しも不思議ではありません。が、これまたペンダと同様に、オッファは実際には覇王にカウントされていません。彼もキリスト教徒ではなかったから、ベーダに嫌われたのでしょうか。

いえいえ、オッファは教会や修道院をたくさん建てたキリスト教徒でしたし、教会のトップである教皇からも使節団を送られる栄誉に浴しています。しかし、そんなことより何よりも、そもそもオッファはベーダに嫌われようがないのです。なぜならオッファの時代には、ベーダはとうに故人でしたから。

その代わり、オッファはウェセックスの受けが良くないのです。ウェセックスはオッファの時代、マーシアの支配に苦しみました。傀儡の王を擁立されたり、オッファの横柄な娘を王の妃に押し付けられたり、次章で登場する王位後継者のエグバートをフランクに追ったり、あるいは遡ればペンダの時代、ケンワルフ王がペンダの妹を離縁したことが理由で攻め入られたりしました。

ですから後のウェセックスの、アルフレッド大王治世下に編纂《へんさん》が始まった『年代記』は、マーシアのオッファを覇王に選ぶことは決してしませんでした。いえ、してはならないことでした。同じウェセックスのエグバートを八番目の覇王に選出することはあっても、です。歴史とはこういうものです。

偉業がいっぱい

けれども、そういう覇王を決める側の論理とは離れて、オッファを一人の支配者として注視するとき、彼は実に多くの「偉業」を成し遂げてきた傑出したリーダーであると感じざるを得ません。一体、どんなことをオッファは行ってきたか。それらをいちいち挙げてみましょう。

①まずオッファはノーサンブリアを除いた全てのアングロサクソンの王国に上王権を及ぼしました。②また戦乱の七王国時代にあって、統一国家意識を初めて抱いた王として「アングル人の王」という称号を用いました。③英国のシンボルのような貨幣ペニーも、オッファの時代に造られました。④さらにはあのフランク王国のシャルルマーニュとも対等に通商関係を結びました。⑤かと思えば、オッファはカンタベリー大司教とケンカして、

勝手に新しい大司教区をつくってしまいました。⑥極めつけは、マーシアとウェールズの長大な国境に沿って、今も残るモニュメントである「オッファの防塁」を建設しました。

実にエネルギッシュで、創造力にあふれ、スケールの大きな、覇王には選ばれなかったけれども覇王を遥かに超えた王。それがオッファだったのです。そんな魅力たっぷりのオッファを、①から⑥の順で追っていきたいと思います。

力押しの始まり

まず、①のオッファが支配下に置いた七王国の領域ですが、その前にオッファの系譜を見てから話に入ろうと考えます。オッファは、ペンダの弟エオワの血統です。ペンダ直系の王はペンダから六代目の、七一六年に死んだケオルワルド王で絶え、その後にエオワの孫であるエゼルバルドが王になります（三二ページのマーシア王国系図参照）。

このエゼルバルドが、恐らく相続をめぐる争いで王の護衛役の家臣たちによって暗殺されると、王位はベオルンレッドという正体がよくわからない者に一旦移ります。が、すぐにオッファがベオルンレッドを追放し、七五七年にマーシア王となったと『年代記』にあります。オッファはエオワから五代目にあたり、前述のエゼルバルドとは親族同士です

（オッファの曽祖父の兄弟の子がエゼルバルド）。殺害されたエゼルバルドは強力な王であり、彼はマーシア近隣地域に大きな影響力を持っていました。

さてオッファです。彼は王位に就くや否や、すぐに周辺への力押しを始めます。まず、マーシアの西隣にあった、七王国ほどは大きくはないアングロサクソンの小王国フウィッケなどのミッドランドの地や、これまた小王国のリンジィを含むミドルアングリア一帯を完全にマーシアに併合します。そして間を置かず、オッファはロンドンを含むエセックスをも併合します。

これにより、フウィッケ、リンジィ、エセックスの王家は事実上消滅したのでした。ただ、ここまでの地域にはエゼルバルドも支配を及ぼしており、オッファはエゼルバルドが暗殺されたことによる混乱でマーシアの支配力が一時的に緩んでいたのを、徹底して締めただけのことです。

ケントの反乱

オッファがエゼルバルドを遥かに超えていくのはここからです。彼は七六四年にケントに侵攻し、上王権を打ち立てます。そして、やや置いて七七一年に支配下のケントからサセックスに向かって進撃し、ここも完全に制圧します。サセックスはこれ以降、一つの独立王国として歴史に現れることはありませんでした。エセックス、ケント、サセックスと、七王国中で三王国を自分のものとしたオッファのマーシアは、この時点でエゼルバルドが在位中に拡大した領域を遥かに超える大きさになりました。あとは長年のライバルであるウェセックス、そしてイーストアングリアとノーサンブリアへの攻勢です。ところが、制圧したはずのケントで不穏な動きが起こったのです。

『年代記』は七七六年にマーシア人とケント人がオトフォードという場所で戦ったと記しています。ただ『年代記』はどちらが勝ったのかは述べていません。これは、オッファの支配に抗してケントで反乱が起きたことを意味する記述であると今日では理解されており、そのオトフォードでの戦いの帰趨は、以前はマーシアが勝ったとされていました。しかし、どうやらこの反乱はケント側の勝利に終わり、オッファのケント支配が少しの間弱まったという説が現在の主流です。

戦いを指揮したのはケント王のエアルフモンドであり、彼はウェセックスの王位継承者エグバートの父とされています。しばらくの間劣勢に立たされたオッファは、しかし七八五年までにはケントを含むイングランド南東部全域の支配権を取り戻します。エアルフモンドの消息はその後わからなくなりました。なおエアルフモンドについては次章でも触れます。

傀儡王ベオルフトリック

他方、ウェセックスは七五七年に強力なキネウルフ王が即位し、マーシアのエゼルバルド王がかつてウェセックスから奪った地域を再び取り戻していました。オッファはこのキネウルフと七七九年に戦います。これが「ベンシングトンの戦い」(Battle of Bensington)と呼ばれるもので、両軍が全面的にぶつかり合った大会戦でした。現在のオックスフォードシャー州の小村ベンソン界隈で行われた戦闘といわれています。結果はウェセックスの大敗でした。ただ、勝ったとはいえ、オッファの支配力はキネウルフの在位中はウェセックスには及んでいなかったようです。一度くらいの敗戦で国を失うほど、キネウルフは軟弱ではなかったということです。

しかし、七八六年、キネウルフが王族の一人に殺害されると、ウェセックス王宮は一気に不安定となり、そこにオッファがつけ込みます。やがて王位はベオルフトリックという、一応ウェセックス王族の出とはいわれていますが、実際のところ正体がよくわかっていない男が継ぎます。ベオルフトリックは事実上オッファの傀儡王で、オッファと共にウェセックスの正当な王位継承者であるエグバートの追い落としにかかります。その結果、エグバートはフランクに亡命せざるを得なくなるのです。

毒婦エアドブルフ

ところで、この傀儡王ベオルフトリックに、オッファは自分の娘エアドブルフを嫁がせました。ウェセックス王の義父となって、さらに支配を強化しようという魂胆ですが、このオッファの娘のエアドブルフ、大変な「毒婦」として、後々までウェセックスでは評判がよろしくありません。九世紀後半のアルフレッド大王に仕えたウェールズ人修道僧のアッサーは、その著書『アルフレッド大王伝』(*Life of King Alfred*)の中で、エアドブルフは気に入らない人間はことごとく言いがかりをつけて告発し、地位や時には命までも奪ったと、その父親似の横暴ぶりを記しています。

その挙げ句、エアドブルフは何と自分の夫さえ殺してしまったということなのです。あるとき、彼女は王に寵愛《ちょうあい》された若者が気に入らず、杯に毒を盛って殺そうとしました。しかし、夫のベオルフトリックがそれと知らずに先に杯に口をつけたので、結果的にベオルフトリックを、後から飲んだ若者もろとも殺してしまったのです。

さらには、こんな話も『アルフレッド大王伝』にはあります。王まで殺《あや》めて、さすがにウェセックスにいられなくなったエアドブルフは、大陸フランクに逃げ、膨大な貢物をしてフランク王シャルルマーニュの玉座の前に立ちました。シャルルマーニュはエアドブルフを見て言います。

「余と、玉座の傍らにいる余の息子と、どちらを選ぶか」

エアドブルフは分別もなく答えました。

「陛下のご令息を選びます。陛下よりお若くいらっしゃいますので」

シャルルマーニュは笑みを浮かべ、こう返しました。

「エアドブルフよ。余を選んでいれば、息子がもらえたのだが。けれども息子を選んだので余も息子もだめである」

まあ、多分に誇張されてエアドブルフは悪く語られているのでしょう。いずれにせよ、こういうふうに伝えられてきたオッファの娘の行状も、ウェセックスで編纂された『年代記』がなぜオッファを覇王に挙げなかったのかを考えるときの、大きなヒントになるのは確かです。

オッファに斬首された王

オッファはハンバー川の南の地ばかりではなく北、すなわちノーサンブリアも支配下に置こうと画策します。そのためのステップとして、彼はもう一人の娘エルフレッドをノーサンブリア王のエゼルレッドの許に嫁がせます。もちろんノーサンブリア王の義父として、オッファは力を及ぼそうとしたわけです。しかし、親戚としての影響力はあったものの、ノーサンブリアが他の七王国と同様にオッファの上王権を認めたという記録はありません。さすがのオッファも、ハンバー川の北までは十分な力を行使できなかったものと思われます。

しかし、イーストアングリアに対しては容赦ありませんでした。七九〇年代はじめまでにはオッファはイーストアングリアを支配下に置いていたものと見られます。そして七九四年、厳しい命令を下します。『年代記』は語ります。この年、オッファはイーストアングリア王エゼルベルトの首を刎ねよと命じた、と。なぜオッファはこんなことをしたのでしょう。それはエゼルベルトが叛旗を翻したからでした。

この頃、オッファは支配下に置いたエセックスを筆頭に、イーストアングリアでもペニー銀貨を鋳造していました。一方、オッファに従っていたはずのエゼルベルトもひそかにコインを鋳造していました。コインを鋳造することは支配者としての権力を象徴する行為でもあります。ゆえにオッファは、このエゼルベルトの動きを反乱とみなし、許さなかったのです。なお、エゼルベルトという名前は、キリスト教に最初に改宗したケント王エゼルベルトと同名です。七王国時代は同じ名前を持った人物が結構出てきますのでご留意ください。

以上、オッファの七王国制覇に向けた動きをざっと見てきました。縁組をしてそれなりの影響力を持ったノーサンブリアまでも加えるのは無理としても、オッファはこのイーストアングリアのエゼルベルトの首を取った七九四年の時点で、ほぼ七王国中に覇を唱えたと見ていいでしょう。そしてこの二年後の七九六年に、オッファは世を去ります。その在位三九年間は、成し遂げた数々の事柄を考えるのなら、オッファにとっては長いと感じるどころか、腰を落ち着ける暇もないほどの短いものだったのかもしれません。

「アングル人の王」の称号

では②の、オッファは戦乱の七王国時代にあって、統一国家意識を初めて抱いた王だったということについてです。そこでちょっと確認したいのが、イングランドという言葉です。

これはアングル人の国を意味するAngle Landが由来であり、王国間の戦いを繰り返していたアングロサクソン人が、自分たちは同じイングランドという国の住民、すなわちイングリッシュであるというアイデンティティを明確に抱き始めるのは一〇世紀のアゼルスタン王の治世頃からとされています。アゼルスタン王はウェセックスのアルフレッド大王の孫であり、彼は九二四年に即位し、自らのことを地権書などの公式文書に「イングランド王」(King of England)と記した最初の王です。

したがってオッファの頃にイングランドという言葉や概念ができ上がっていたかどうかは不明です。ただ、イングランドという言葉は使ってはいませんが、オッファは「アングル人の王」(Rex Anglorum)という称号をしばしば用いました。つまり、彼が七王国を制覇していく過程はすなわち、マーシアという一つの王国の許にアングロサクソン人が統合されていったプロセスとも見ることができます。そういうところから、オッファが「アングル人の王」といった統一国家意識をいち早く持っていたとしても、不思議はありません。アゼルスタンよりも約一五〇年も前に、オッファはイングランドを代表する気概を抱いていたのであり、ゆえにフランク王シャルルマーニュがオッファを対等な交渉相手としてみなしていたのも頷けます。

欲望か、夢の実現か

反論もあります。オッファが用いた「アングル人の王」の称号が載った地権書は一〇世紀に偽造されたものであり、オッファ自身は「マーシア王」以外の称号は用いておらず、彼はそれで十分満足だったというものです。まあ、この世の中、大概のことには反論があるもので、実際オッファが「アングル人の王」を名乗っていたのなら、そこは名にし負うコイン好きのオッファのこと、当然それを刻んだコインもあっていいはずですが、今のところ「マーシア王」のものしか見つかっていません。

あるいはこんな意見もあります。オッファを突き動かしたのは力を追い求める強い欲望であって、イングランドの統一などという夢の実現のためではない、と。こういわれてしまうと身もふたもない気がしますが、やはりオッファにはアングロサクソン人の王国を統一して、自分たちの未来図を描きたい、明日を創りたいという、傑出したリーダーとしての気概はあったように思えるのです。ですから「アングル人の王」も、きっと名乗ったのでしょう。今のところコインが見つかっていないだけで。

フランクを凌《しの》ぐコイン製造技術

そこで③の、コインの話です。オッファの事業の大きな核となっていたのが通商の振興であり、そのために彼は積極的に貨幣を鋳造しました。エセックスの首都ロンドンはローマ時代からブリテン島の経済の中心地であり、七王国時代を通じて貨幣が造られていた先端地域でした。オッファは即位後すぐにこの地を支配下に置くと、いっそう強力に貨幣の鋳造に邁進《まいしん》します。オッファが造った主な貨幣は銀貨で、その呼び名のペニーは、現在もイギリスで使われている下位通貨単位（Penny 複数は Pence ペンス、通称P。一〇〇ペンスで一ポンド）として、人々に親しまれています。

オッファが造ったコインはその精巧さに特徴があり、貨幣製造技術では当時の先進国だったフランク王国のコインも凌駕《りょうが》するといわれています。とりわけ、オッファの妃であるキネズリズの肖像と名があるペニー銀貨は、同時代のビザンチン帝国の皇后イレーネのコインに触発されて造られたとされ、その出来栄えはイングランドはもちろん、大陸のどの国も、並ぶものがないと現在まで評価が高いものです。

もっともキネズリズの評判自体はよろしいものではなく、すでに述べたオッファの命によるイーストアングリア王エゼルベルトの斬首は、このオッファの妃による讒言《ざんげん》が原因だったとする説があります。彼女はエゼルベルトがマーシアを攻撃しようと計画し、ひそかに偵察していたと夫に訴えたのです。首を切れとオッファに示唆したのも妃だったそうです。が、たぶんこれらは俗説でしょう。

でも夫と同じような、自分の肖像と名前のあるコインを造ってしまうくらい権力欲があるというか、目立ちたがり屋のクイーンならやりかねないなと、つい思ってしまいます。娘といい奥さんといい、どうもオッファの家族の女性陣は、いいイメージがないですね。これも後年のウェセックスの仕返しでしょうか。

ともあれ、オッファはいろいろなコインを造りました。驚くべきは、オッファがイスラムの金貨であるディナールを真似た金貨をも造ったことです。クーフィー体という最古の書法のアラビア文字の中に「オッファ王」(OFFA REX)とラテン語で鋳込まれている大変貴重な金貨であり、これは現在大英博物館に収められています。

シャルルマーニュが兄弟と呼んだ男

これらコインを用いて、オッファが積極的に通商を行った相手が、④のシャルルマーニュ(Charlemagne)でした。フランク王国に最盛期をもたらしたこの偉大な王は、西暦八〇〇年には教皇レオ三世からローマ皇帝の冠を授けられました。今日のフランスとドイツを含む広大な西ヨーロッパの領土に君臨した、当時では「世界の王」といってもいい支配者です。そんなシャルルマーニュが、いくら七王国に覇を打ち立てたとはいえ、大陸の国際政治にはほとんど影響を及ぼさないブリテン島の一ローカル王であるオッファと、「対等」の関係を持ったのです。とんでもないことです。

七九六年に書かれた、シャルルマーニュがオッファに宛てた手紙がそれを証明しています。先にオッファからシャルルマーニュに送られてきた手紙への返信にあたるものです。その手紙は、親愛なる兄弟オッファ、と呼びかけることから始まり、オッファからの手紙をしっかり読んだとし、オッファが懸念しているイングランドからフランクに渡った巡礼たちや商人たちについては、その安全と保護をしっかりと約束しています。同時に、フランクの商人たちもイングランドにおいて公正に扱われるように要求しています。さらに手紙は、双方の商取引における具体的な内容、例えばフランクからイングランドへ送られる宝石の一種ブラックストーンの大きさや、あるいはイングランドからフランクに送られる袖なし外套《がいとう》（cloak）のサイズなどについて記されています。

この手紙は、ヨーロッパの王がアングロサクソン人の王に宛てた手紙で唯一現存しているものであり、またシャルルマーニュが他のヨーロッパの王を「兄弟」（brother）と呼んだ唯一現存の手紙です。しかも、ヨーロッパの王の間で商取引のことについて話し合われた最初の手紙でもあります。何だか唯一とか最初とかいっぱい出てきましたが、要するにそれだけシャルルマーニュがオッファを対等な相手として見ていたという明確な証《あかし》です。

アルクインの貢献

対等の関係であるがゆえに、両者はケンカもしています。七八九年にシャルルマーニュは息子のシャルルをオッファの娘の一人（たぶん前述のエルフレッド）と結婚させたいと申し込みます。オッファはこの要望を受け入れる条件として、自分の息子のエグフリッドの妃にシャルルマーニュの娘ベルタが欲しいと返答しました。シャルルマーニュはこれに怒り、結婚の申し込みは破談、それどころか、フランクの港から全てのオッファの船を締め出してしまいます。

対等とはいえ、シャルルマーニュはさすがにオッファの方から条件を出されるとは夢にも思っていなかったのでしょう。彼にはフランク王のプライドがあります。ともあれ、これにより互いの通商はしばらくの間中断してしまいます。

オッファがなぜこんな条件を出したかについてはいろいろ言われていますが、最も妥当なのは彼がある種の不信感をシャルルマーニュに抱いていたという説です。シャルルマーニュの王宮には、反オッファ派のいろいろなアングロサクソン人が亡命し、保護されていました。オッファとその傀儡王であるウェセックスのベオルフトリックによって、逃亡を余儀なくされたウェセックスの王位継承者エグバートも、シャルルマーニュの王宮に匿われていたのです。

この両国の関係中断は、しかしアルクインの努力によって解消され、双方の通商による結びつきは前よりいっそう深まっていきます。アルクインはノーサンブリア出身の名高い神学者で、シャルルマーニュに招かれ宮廷学校の長になった人物です。彼はシャルルマーニュの良きアドバイザーとして、常にその傍らにいました。アルクインのおかげで、シャルルマーニュはオッファを含むイングランド全体に対しての政策をスムースに遂行できたといわれており、またオッファが教皇と良好な関係を結んでいけたのも、アルクインの存在があったからといわれています。アルクイン自身、オッファには好感を持っており、オッファがシャルルマーニュと渡り合うことができたのは、アルクインがいてこそだったと言えるでしょう。

カンタベリー大司教の敵意

さて⑤の、オッファと教会との関係については、これまたいろいろあって、ドラマティックです。オッファが本当に敬虔なキリスト教徒だったかどうかはさておき、彼は自分の力を広げていく過程で、その支配地に積極的に修道院や教会を建て、またローマにも多額の寄進や献金を欠かしませんでした。よって、オッファに対する教皇の受けの良さは抜群でした。例えばオッファは毎年、ローマにマンクスと呼ばれる金貨を三六五枚、献納する約束をしており、そのうちの一枚は現存しています。

これらはオッファが教皇を取り込む作戦でした。というのも、オッファはカンタベリー大司教ジャンベルトの抜きがたい敵意を買っていたのです。オッファがケントを制圧したことはすでに記しました。その結果、ケント王からカンタベリーへの寄進は廃止されました。また、クックハム修道院をはじめとしたカンタベリー大司教が管轄する教会施設の所有権をオッファは奪いました。もともとケントはカンタベリー大司教の総本山がある王国であり、ここをオッファに抑えられたこと自体、ジャンベルトには我慢ならないことだったのです。

当然、ジャンベルトはオッファのやることが気に入りません。ましてやオッファからの頼み事を聞くなど、もってのほかです。オッファは、これはこれで困りました。彼はシャルルマーニュ率いるフランク王国に倣って、息子のエグフリッドを大司教の手で戴冠してもらいたかったからです。王国としての体裁と格式をフランク王国のように整えるためですが、案の定ジャンベルトは戴冠を拒否します。

そこでオッファが考えたのが、全く新しい大司教区をつくり、そこに自分の意のままになる大司教を据えるということでした。そのためには、カンタベリー大司教が文句を言おうにも手も足も出せない、教会世界のトップに君臨する教皇の後ろ盾が必要です。日頃からの教皇への献金は、こういうときのためのものでもありました。頭のてっぺんからつま先まで、オッファはしたたかな政治家でした。

無理矢理つくった大司教区

かくして七八六年、教皇ハドリアヌス一世は、教皇庁の使節団をオッファの許に送りました。約二〇〇年前、教皇グレゴリウスが派遣したキリスト教の伝道団がケントに来て以来、二度目の教皇使節のイングランド上陸です。この、ハドリアヌス一世が派遣した使節の目的は、オッファの要請に基づく大司教区創設の準備のためのものでした。そして、翌七八七年、チェルシーの教会会議によって、新たにリッチフィールド大司教区の創設が承認されたのです。

このリッチフィールド大司教区の新設は、教皇と太いパイプがあったシャルルマーニュも支持していました。つまり、どう見てもオッファの我の強い、自己中心的なこの画策も、教皇とシャルルマーニュという当時の聖俗両世界のトップが後押ししていたわけで、そういう意味では突飛なプランでは決してなかったということになります。いや、違います。凄いのはやはりオッファのお金の力です。国際世論を味方につけてしまったのですから。

もっとも、現在のイングランドにはカンタベリー大司教区やヨーク大司教区はあっても、リッチフィールド大司教区はありません。オッファが創設したこの大司教区は一六年間しか続かず、オッファの死後ほどなく廃止されました。当然でしょう。現在はカンタベリー大司教区が管轄するリッチフィールド司教区として存続しています。何か、オッファの夢の跡、という気がしますね。

今も残る長大な防塁

オッファの、夢の跡といえば、もう一つあります。今度のものは壮大です。⑥のオッファの防塁です。アッサーは、『アルフレッド大王伝』で、オッファがマーシアとウェールズの間を海から海へと繋ぐ大規模な防塁を造らせたと記しています。これが有名なオッファの防塁（Offa's Dyke）で、アッサーがいう海から海とは、イングランドとウェールズの北端の境界、すなわちディー川の河口から、南端の境界であるワイ川の河口までを指しています。

もし、この海から海への国境に沿って実際に防塁が造られたとすれば、その全長は約一五〇マイル（約二四〇キロメートル）になります。これはローマ時代、ブリテン島に造られたピクト人の南下を防ぐための「ハドリアヌスの長城」と「アントニヌスの長城」の二つを繋げてみた場合よりも、さらに長い距離になります。

アッサーが言うように、本当にこんな長大なものをオッファは造らせたのでしょうか。

恐らくアッサーは、オッファが即位する前のマーシア王エゼルバルドがやはりウェールズとの国境沿いに造った、いわゆる「ワットの防塁」（Wat's Dyke）をも含めた長さを、全てオッファの防塁と混同していたのだと思われます。後の時代のアッサーには、そのあたりの区別がつかなかったのでしょう。無理もありません。

現在発掘調査で明らかになっているオリジナルのオッファの防塁は、ヘレフォードシャー州の北のラショック・ヒルから北へ、ウェールズのスランフィニッズに至る、全長約六四マイル（約一〇三キロメートル）のものです。それでも大変な長さです。オッファの防塁は土を積み上げた土塁であり、最大で高さは約二五フィート（約七・六メートル）、幅約三〇フィート（約一〇メートル）、西側つまりウェールズ側に深さ六フィート（二メートル）、幅一二フィート（四メートル）の濠《ほり》を備えた構造だったようです。

オッファが大活躍できた理由

オッファの防塁は、ウェールズ側からの軍事侵攻を防ぐために造られたものであると一般には解されています。ただ、異論もあります。マーシアがウェールズに攻め入るための、ある種の軍事基地として使われたのだという説です。実際、ウェールズはオッファの治世

オッファの防塁　（提供：Chris Heaton /Wikimedia Commons）

下の七七八年と七八四年にマーシアの侵攻を受けています。また、オッファの防塁には兵士が常駐していた形跡はありません。防御のためのものなら、敵の動きをいち早く察知するために兵士を常駐させるはずです。ハドリアヌスやアントニヌスの長城のように。

しかし攻撃の基地として使うのであれば、数か所の拠点をその都度設ければいいのであって、これだけ長い壁のようなものをわざわざ大変な労力を費やして造る必要があるのかという本質的な問題は、どうしても出てこざるを得ません。やはり、ウェールズからの侵入を防ぐのが目的で建設されたと見るのが自然でしょう。オッファやワットの防塁は、かなりの部分が現存していて、その威容を今日でも随所に確認することができます。

オッファは七王国に覇を唱え、シャルルマーニュとも互角な関係を結び、貨幣を鋳造し、商業を大いに振興させました。ローマ教皇の使節団をも招き、新たな大司教区まで創設しました。やりたい放題をやってきた感のあるオッファの治世。しかし、大胆なことを次々に実行できたのも、背後から攻められる不安がなかったゆえ、とも考えられます。ウェールズとの境界に沿って延々と続く防塁は、オッファから後顧の憂いを取り払ってくれた、ということでしょうか。

Ⅵ

ライバルを制し、新たな戦いの時代へ

―エグバート（ウェセックス王国）―

19世紀に描かれたエグバート
（提供：Alamy/ユニフォトプレス）

七王国の時代区分

前章の冒頭で、マーシアのオッファを七王国時代の中期の王といいました。そこで、アングロサクソン七王国時代の大まかな区分について説明します。特に明確な分け方があるわけではありませんが、四〇〇年近く続いた七王国時代は一応、前期、中期、後期の三つに分けられるのではないかと、本書では考えます（二七ページの八人の王の在位期間参照）。

前期はケントのエゼルベルトからイーストアングリアのレドワルド、ノーサンブリアのエドウィン、そしてマーシアのペンダまで、中期はペンダ以降、すなわちノーサンブリアのオスウィからマーシアのオッファまで、そして後期は本章でこれから語っていくウェセックスのエグバート、イーストアングリアのセント・エドモンド、ウェセックスのアルフレッド大王、そして統一イングランド王国初代の王となったアゼルスタンまでです。

これら各時期の特徴をいいますと、前期はヒーローが目まぐるしく変わっていく、いわば群雄割拠の時代です。いち早くキリスト教化した王対反キリストの王という戦いの図式でもあり、まだまだアングロサクソンの伝統的信仰を続ける者たちが優勢でした。

一方、中期になるとすでに全ての七王国はキリスト教化されていて、その中で王国間の覇権をめぐる争いが展開されていました。そうした中で弱小王国は淘汰《とうた》され、マーシアが優勢となります。そしてマーシアは同じ頃に台頭してきたライバルのウェセックスを抑え、後年の統一イングランド王国をも彷彿《ほうふつ》とさせる統治王国としての体《てい》を見せます。

後期では、マーシアとウェセックスの二王国に絞られた七王国間の争いにおいて、ウェセックス王国のエグバートが宿敵マーシアを蹴落とします。そして後期はこれ以降、もはや七王国間の争いはなく、新たにとてつもない強い敵として登場してきたデーンとウェセックスの戦い一本に絞られます。その過程で、アングロサクソン七王国の唯一の王国として残ったウェセックスが統一イングランド王国を形成し、七王国時代は終わりを告げます。

以上が大まかな流れです。本章ではこれから後期初頭の、マーシアとのライバル争いを制し、イングランド王国へと向かう道のりを示したエグバートがたどってきた道を追っていきます。

ケント王の子?

ところで、エグバートの父エアルフモンドはケント王であり、マーシアのオッファと対峙《たいじ》したオトフォードの戦いを指揮していたと前章で述べました。このエアルフモンドについては素性がよくわからなく、いろいろ言われています。しかし、やはり彼はウェセックス王家の血を引いた者と見るのが自然でしょう。本書でしばしば参考にし、アングロサクソン・イングランド時代を書いたものとして定評のあるバーバラ・ヨークの著書"*Kings and Kingdoms of Early Anglo-Saxon England*"のウェセックス王家の系譜では、エアルフモンドはウェセックス王国の始祖ケアウリンの直系であり、イネ王の弟インギルドの四代目となっています。

要はこんなまぎれもないウェセックス王家の血統であるエアルフモンドが、なぜケント王になったのかということです。もともとケント王国はロチェスターを中心とする西ケントとカンタベリーを中心とする東ケントの二王国の同族的複合体であり、また、域内には有力な首長勢力もありました。どちらかといえば、ケントは権力が分散化されがちな王国だったのです。

そんなケントの複雑な構成要素の一部もしくは一地域が、ケントを含むイングランド南東部全域を支配しようとするオッファに叛旗を翻し、例えばケントの王族を妻に持つような親ケントの他王国の大物、すなわちウェセックスのエアルフモンドをケント王に押し立てて、オッファに対し立ち上がったとは考えられないでしょうか。

ともあれ、ウェセックス王家正統の血が流れるケント王エアルフモンドはオッファと戦い一時期ケントの独立を取り戻しました。そして、この戦いにエグバートも父エアルフモンドと共に参加していたのです。つまり、このあたりからオッファとエグバートの因縁は始まっているということです。

やがてオッファが再びケントの支配を取り戻した七八五年以降、エグバートはウェセックスに戻ってきて、本国の王への即位を目指します。しかしキネウルフ王が側近に殺害された後、オッファが後ろ盾となったベオルフトリックとの王位争奪戦に敗れたエグバートが、オッファたちに殺される危険から逃れるため、フランクのシャルルマーニュの許に亡命したのはすでに見てきた通りです。

コンウォールを攻める

『年代記』は八〇二年にオッファの傀儡王だったベオルフトリックが死に、エグバートがウェセックス王になったと記しています。シャルルマーニュの許に逃れたのが七八九年とされていますので、ずいぶん長い間フランクに潜伏していたわけです。マーシアのオッファは、すでに七九六年に死んでおり、その跡を継いだ息子のエグフリッドも同じ年に若くして死に、このときはケンウルフがマーシアの王でした。ただ、オッファ亡き後もマーシアは依然強国であり、容易にその支配は崩せません。エグバートは時が来るまでじっと力を蓄え辛抱していました。

そんな中にあって八一五年、『年代記』は記します。「この年、エグバート王はコンウォールを東から西へと急襲した」と。ブリテン島の南西部、コンウォール半島の付け根から先端に位置するコンウォールにはブリトン人の王国ドゥムノニアがありました。ここは以前、キネギルス王治世下の六一四年にウェセックスが遠征軍を進め支配下に置いたところでした。エグバートはその地に軍を進め、再び荒らし回ったのです。

なぜ、彼はドゥムノニアを攻めたのでしょう。恐らく、これはマーシアの出方を探るための一つの前哨戦《ぜんしょうせん》だったと考えられます。これらの地域には、マーシアの上王権が及んでいたからです。ただ、マーシアはこのとき動きませんでした。そして一〇年が経ち、八二五年になりました。この間、マーシアの国王はケンウルフからケオルウルフへ、そしてベオルンウルフへと移っていました。事態はいよいよ大きく動きます。

エランダンの戦い

この年、ドゥムノニアのブリトン人と隣のデボン州の人々の間で戦闘が起こります。エグバートは間を置かずこの戦いに介入し、デボン州のガルフォードでブリトン人を打ち破りました。エグバートのこの動きに、マーシア王ベオルンウルフはついに軍を進めます。明らかに彼は奮い立っていました。エグバートはドゥムノニアを攻めた侵略者だという大義名分が、ベオルンウルフにはあったのでしょう。

戦いは遭遇戦でした。南下してきたマーシア軍と北上したウェセックス軍がエランダンで出会い、激戦となったのです。エランダンは今日のウィルトシャー州の村ロウトンとされています。結果は、エグバート率いるウェセックス軍の勝利でした。ついに長年の宿敵マーシアをウェセックスが打ち破ったのです。

エグバートは、しかし、勝ちに酔いしれているだけのリーダーではありませんでした。彼はエランダンの戦い後すぐさま、息子のエゼルウルフに大軍をつけて、ケントに送り出したのです。「マーシア帝国」を解体するためのエグバートの動きの一環です。

このエゼルウルフの派遣により、マーシアの傀儡王だったケント王国のベアルドレッドは王国から追い払われました。『年代記』はケントをはじめ、サリーやサセックス、エセックスの人々は皆、エグバートに従ったと記しています。イングランド南東部、南西部がマーシアの長い支配から解放された瞬間でした。エグバートはこれらの地域の統治を息子のエゼルウルフに委ねました。

イーストアングリアの復讐

マーシアの圧政に苦しんでいたイーストアングリアからも、エグバートの許に保護してほしいとの訴えが来ました。これを伝え聞いて怒ったのが、マーシア王のベオルンウルフです。エランダンの戦いでは大敗したとはいえ、マーシア本国は健在であり、彼はまだまだ意気盛んだったのです。ベオルンウルフにとってイーストアングリアはずっとマーシアの支配下にあるという認識であり、どうにも我慢ができません。彼はエランダンの戦いの翌八二六年、イーストアングリアを懲らしめるべく侵攻してきます。が、何とマーシア軍はイーストアングリアで敗れ、しかもベオルンウルフは殺されてしまうのです。

落ち目のマーシアを象徴する出来事といってしまえばそれまでです。しかし、それにしてもイーストアングリアはろくな軍事体制下にはなかったはず。ずっとマーシアに服属していましたから、そのあたりは徹底して解体されていたに違いないのです。恐らく、徒手空拳のようなイーストアングリア人民が寄ってたかってベオルンウルフを殺したのでしょう。

つまり、それだけイーストアングリアの人々がマーシアに抱いていた憎しみが深かったということです。振り返ればペンダの頃から、イーストアングリアはマーシアにいいようにされてきました。ペンダによって王のシグベルトやエグリック、アンナを殺され、オッファには反逆の疑いでエゼルベルトが首を刎ねられました。

このとき、エグバートのウェセックス軍がイーストアングリアに加勢に来ていたかどうかは、何も記録がないのでわかりません。ただ、恐らく援軍はなく、イーストアングリアの人々が自力で、マーシアを破ったのではないかと推測されます。

というのも、殺されたベオルンウルフを継いでマーシア王になったルデッカも八二七年、同じようにイーストアングリアに侵攻してきました。ところがです。何と、このルデッカ率いるマーシア軍もイーストアングリアで敗れ、ルデッカもまた殺されてしまうのです。イーストアングリアの人々は敵の王を立て続けに二人も倒しました。これはもう、積年の恨みに基づくものと理解した方が、遥かにわかりやすいです。

八番目の覇王がやったこと

そして、いよいよエグバートが敵の本丸に攻め込むときがやってきました。八二九年、ウェセックス軍はマーシア本国に侵入し、ルデッカの後王位を継いだウィグラフを追放します。ついにエグバートは長年のライバルだったマーシアを占領しました。これにより、彼はイングランドにおけるコイン製造の中心地であるロンドンを完全に自分のものとし、記念すべきコインを造ります。「マーシア王」(King of Mercia)と銘打った銀貨です。『年代記』は語ります。「エグバート王はマーシアとハンバー川南部の全ての地域を征服した。彼は八番目の覇王である」と。

ただし、ハンバー川の北部、すなわちノーサンブリアはまだ服属していません。年代記がいくら持ち上げようと、この時点では、七王国全てに君臨する覇王ではありません。『年代記』はこうも書いています。「エグバート王はノーサンブリア人に対するため自軍を率いてドアに向かい、その地で彼らはエグバートに服従を申し出た」と。ドアは現在のサウスヨークシャー州の小村であり、この記述の印象からはノーサンブリアは素直にエグバートに和を求めた感があります。

実際は全く違います。ウェセックス軍はノーサンブリアでひどいことをしたのです。一三世紀の年代記編者であるロジャー・オブ・ウェンドバー（Roger of Wendover）が、自著に編入した古いノーサンブリアの記録があります。それにはこうあります。

南部の王国を全て手に入れると、エグバートは大軍を率いてノーサンブリアに入り、その地をひどい略奪をしながらさんざん荒らし回って打ちのめし、ためにノーサンブリア王エアンレッドは貢納金を申し出た。

（Campbell, J., et al. ed., *The Anglo-Saxons* 筆者訳）

つまり、欲と血に飢えた大侵略だったため、ノーサンブリア王はたまらず止めてくれと、大金を払ったということなのです。たぶん、いや間違いなくウェセックス王国で書かれた『年代記』の編纂者たちはエグバートが実際にはこういうことをしたのを知っていたでしょう。勝者は自分たちに都合が悪いことはまず書きません。けれども歴史とはまた面白いもので、たまに真実がポロッと転げ落ちてくる隙間があります。人が書き残したものを完全に消し去ることは、それはそれで難しいのですね。

略奪経済という時代

それにしても、なぜエグバートはノーサンブリアにこんなひどいことをしたのでしょう。二〇〇年前、ケントと組んだエドウィンにワイト島侵攻を阻止されたことや、暗殺者を送った仕返しに再びエドウィンに来襲され王族を含むたくさんの人々が殺されたことをいまだに根に持っていて、その復讐だったのでしょうか。

確実に言えることは、この七王国時代は略奪経済の時代でもあったということです。土地や領土の拡張をめぐる争いは王国間の争いの大きなモチベーションでした。そしてそれと同じくらい、貢物や略奪品を得ることは支配者たちが抱いた戦いの大きな目的だったのです。エグバートのやったことも、そういう範疇《はんちゅう》で捉えるべきです。もちろん、この時代、農民がいれば商人もいて職人もいました。ただ、そうした人たちが支える経済に加えて、略奪があってこそ維持でき、成り立つことができる社会の仕組みがあったのです。

考えてみればこの略奪経済、何も七王国時代だけのものではありません。日本の戦国時代もそうです。雑兵も含め将兵たちは、いくさ場や侵入した村や町で武具や着物、食料、家畜、そして男女子供を問わず人をも攫《さら》い、売り払うことに熱心であり、それで収入を得、自分たちが生きる糧としました。こうした行為は決して禁じられたものではありませんでした。なぜあの時代、村や町で武士でない人間も刀剣を持って武装していたかといえば、捕えられて売り飛ばされないように自身や家族を守るためでもあったのです。

戦国時代は、よく知られた武将や戦国大名たちが繰り広げる英雄合戦譚だけの時代では全くありません。むしろ物品略奪、人身売買に満ちた日常です。よって、その略奪の時代をピタッと終わらせた徳川家康は、好き嫌いは別にして、もっと評価されるべきです。ただしその家康も、大坂夏の陣では自軍の兵に乱取り（兵が戦いの後に人や物を奪い取る行為。乱妨取りともいう）を許していたのは有名な話です。そうしないと将兵の戦意が湧かないからです。

英国も七王国時代だけではありません。エリザベス一世女王統治下の一六世紀、西インド諸島のスペイン船を狙う英国船の海賊行為はイギリス政府からは黙認され、莫大《ばくだい》な富をスペインから奪いました。これがどれだけその後のイギリスの発展の礎になっていったことでしょう。海賊活動のリーダーだったフランシス・ドレイクはエリザベス一世女王からその活躍ぶりを讃えられ爵位を受けているほどです。スペインの海洋支配の没落は、このイギリスの海賊行為に起因するとまでいわれています。現在も紛争地域では略奪が絶えません。少なくとも略奪経済というカテゴリーは二一世紀の今も、しっかりと生き残っています。

「戻ってきた」マーシア

さて、ノーサンブリアを屈服させたエグバートはその勢いを駆って八三〇年にウェールズ遠征を敢行し、彼らの勢いを抑えます。コンウォールのブリトン人を鎮め、サセックス、エセックス、サリー、ケントなどのイングランド南東部や南西部、イーストアングリアといったイングランド東部、中央部のマーシア、北部のノーサンブリア、そして今、ウェールズ遠征を成功させたエグバートは、その絶頂期を迎えたのです。フランクでの逃亡生活から戻り、八〇二年にウェセックスの王位に就いてからすでに二八年が経過していました。彼は七七一年頃に生まれたとされていますので、王になったのは三一歳、この絶頂期の頃は五九歳と、七王国時代の王としては決して若くはない年齢で生涯の各節目を迎えてきたわけです。

エグバートは王になるまであの強力だったオッファと戦ったり、亡命生活を強いられたりと、回り道を余儀なくされてきました。よって、頂点を極めた後は穏やかに残りの人生を歩んでいきたいのが人情です。でも、そううまくはいきませんでした。

まず、支配下に置いたはずのマーシアがすぐに独立を回復します。エグバートに追われて逃げていた王のウィグラフが戻ってきて国を立て直したのです。ただし、独立を回復したといっても、以前のような強国に復帰したわけではなく、普通の一国に戻ったという状態でした。

それでも占領した国が再び甦ったのですから、ウェセックスの支配力が弱まったことは明らかです。なぜ、弱くなったのでしょう。それを解くには、逆にこう考えればいいのです。なぜ、フランクから戻ってきたエグバートを王に迎えたら、ウェセックスがにわかに強くなり、七王国を制覇できたのかと。

フランクの支援

それは、フランク王国がエグバートへ積極的なサポートを行っていたからです。八〇二年にエグバートをウェセックスの王とならしめたのも、またその後の七王国に覇を唱える一連の動きを支援していたのも、フランクでした。通商上自国にとって最もメリットがあり、ゆえに七王国をまとめる人物になってもらいたいとフランクが目論んだがゆえに、エグバートをモノや資金面で進んで支援したのです。

そもそもエグバートは一三年に及ぶフランクでの亡命生活を送っていたとされており、このことからもフランクとの人脈は豊かだったと容易に想像できます。後年、彼は巡礼に赴くローマへの安全な通行を手配してもらえるよう、フランク王ルイ一世と連絡を取っていたということです。ルイ一世。ドイツ語ではルートヴィヒ一世と呼ばれたシャルルマーニュの息子であり、こうした太い人脈がエグバートにはあったのです。

そのフランク王国は八三〇年に王国の分割相続をめぐって、王のルイ一世とその息子たちを巻き込んだ混乱状態が出現し、内乱のような様相を見せ始めます。こうなると、とてもエグバートをサポートするどころではなくなります。ゆえに、八三〇年以降のマーシアの復興は、フランクからの支援が止まったことによるエグバートの勢いの相対的低下に起因するものでした。それにしてもこういう話を聞くと、ヨーロッパ西端の、大陸の国際政治からは長い間置き去りにされてきたブリテン島が、フランク王国のような大国家の政治力学の影響をまともに受ける地点にとうとう達してきたのだな、という感があります。

マーシアと組む理由

しかしマーシアが再び独立した王国になったとはいえ、エグバートが優勢である状況はもはや変えようがありませんでした。そろそろ七王国という時代は終盤に達しようとし、ウェセックスがもうイングランドと呼んでいい地域を代表する国へと、向かい始めていたのです。ウェセックス王エグバートと、その息子でイングランド南東部の支配を任されたエゼルウルフの地位は、もはや揺るぎませんでした。

少し時を進めて息子のエゼルウルフのことを話しましょう。彼は父エグバートの死を受けて八三九年にウェセックス王になると、長男のアゼルスタン（Athelstan）を、ケントを含むイングランド南東地域の副王（Subking）とします。この父から信頼された有能なアゼルスタンは、父より先に八五一年、若くして世を去ります。が、エゼルウルフには他に四人の息子がいました。すなわち、次男エゼルバルド（Æthelbald）、三男エゼルベルト（Æthelbert）、四男エゼルレッド（Æthelred）、そして末っ子があの有名な大王と冠されるアルフレッド（Alfred）です。つまり、エグバートはアルフレッド大王のおじいさんになるわけです。

さておき、復興したマーシアとウェセックスの関係は、もはやこれまでのような緊張したものではなく、やがて同盟関係となります。そして一〇世紀になると、マーシアはウェセックスに吸収合併されていきます。なぜ両国は協力していったのでしょう。なぜマーシアは吸収され、アングロサクソン人の王国は一つになっていったのでしょう。

それは、もの凄い、信じられないほど強い敵が登場してきたからです。ゆえにアングロサクソン人が団結して当たらなければならなかったのです。新しい、強すぎる敵、デーン[*1]＝Daneでした。

ノーサンブリアに竜が飛ぶ

『年代記』が報じるデーンの最初のイングランド来襲は、七八九年のことです。エグバートがウェセックス王に即位する一三年前、つまりフランクのシャルルマーニュの許に亡命していた頃であり、オッファの傀儡王ベオルフトリックがウェセックス王として在位中の出来事でした。

この年、三隻のデーンの船がウェセックス領ドーセット海岸沖に停泊しました。そこでその地の、王の荘園監督官がデーン船に向かいました。彼らを王の館に連れていこうとしたのです。監督官は彼らが商取引をするために来たと思っていました。ところがデーンは監督官とその部下たちを殺してしまったのです。このとき、デーンが周辺を荒らし回ったかどうかは、『年代記』は何も記していないのでわかりません。四年後の七九三年、二回目のデーンのイングランド来襲がありました。今回はノーサンブリアが襲われました。『年代記』は次のように記しています。

この年、ノーサンブリアに恐ろしい前兆が現れ、ひどく人々を震えさせた。すなわち、凄まじいまでの稲妻が光り、複数の竜が飛んでいるのが目撃された。そしてすぐに大規模な飢饉《ききん》がやってきた。同じ年、急襲してきた異教徒たちがリンディスファーンの神なる教会を悲惨なまでに破壊した。強奪と殺戮で。

（Garmonsway, G. N., ed. and trans., *The Anglo-Saxon Chronicle*　筆者訳）

いやはや、デーンの前座として竜まで飛んでいたのですねえ。我々はこれからどうなってしまうのだろうと、人々は本当に恐ろしかったのだと思います。さらに『年代記』は翌七九四年、ノーサンブリアのドネムザの修道院（Donemuþ 恐らく「モンクウェアマウスとジャロウの二重修道院」のこと）が襲われ、破壊と略奪を受けたことを報じています。かくして、デーンの来襲は始まりました。もうほとんど時間が残っていないエグバートが、デーンと戦うときがやってきたのです。

対デーン戦一勝一敗

八三六年、三五隻の船に兵士を満載したデーンがサマセット州の小村カーハンプトンを襲いました。エグバートは彼らと戦いますが、「そこで大殺戮がなされ、デーンたちはその場所を確保した」と『年代記』は語っています。つまり、エグバートは負けたのです。それも「大殺戮がなされ」たのですから、大敗だったのでしょう。エグバートにとっては、厳しいデーンとの初対戦でした。

その二年後の八三八年、デーン人はコンウォールのブリトン人と組んでエグバートに向かってきました。かつてエグバートはドゥムノニア王国を攻め、これを従わせました。それ以来、復讐心が積もり重なっていたコンウォールのブリトン人たちは、イングランドのアングロサクソン人たちの大きな脅威となりつつあるデーンと同盟することでウェセックスに進撃し、大打撃を与えようとしたのです。かくしてエグバート率いるウェセックス軍とデーン・ブリトン人連合軍は、コンウォールのテイマー川東方のヒングストン・ダウンでぶつかりました。今度はエグバートが勝ちました。ブリトン人とデーンはそこから敗走したと『年代記』にはあります。

しかしこの翌年の八三九年、エグバートは世を去ります。マーシアとのライバル争いを制し、八番目の覇王に数えられた男は、統一イングランド王国出現への地ならしをしました。そして新たな強敵デーンが本格的にイングランドを侵略してくる前に、舞台から消えていきました。対デーン戦一勝一敗という五分の戦績を残して。だから、エグバートは幸せな方でした。

とても人が良く、こんな緊迫した時代でも一人で勝手に、穏やかに王位を全うした息子エゼルウルフはともかく、エグバートの四人の孫たちは、いずれも順にウェセックス王となり、デーンとの血みどろの戦いに明け暮れ、倒れていくのです。凄まじい時代の幕が、ついに上がってしまいました。

註

＊1　デーンとヴァイキング（Viking）は同じ意味である。通常スカンジナビア系をヴァイキング、ユトランド半島系をデーンと区分する。ただ、イギリス史ではスカンジナビア系もユトランド半島

系と同じく伝統的にデーンと呼んでおり、本書でも特に区別をつける場合を除き、基本的にデーンとしている。

＊2　『アングロサクソン年代記』の別の写本では二五隻となっている。

Ⅶ

無数の矢を射られ、ハリネズミのようになって殉教

―セント・エドモンド（イーストアングリア王国）―

木に縛り付けられたエドモンド王。1130年頃に描かれた彩色写本『エドモンドの生涯』（作者不詳）より
（提供：Alamy/ユニフォトプレス）

老太刀持ちの語り

ある日の、ウェセックス王国の首都、ウィンチェスター王宮でのことです。いいえ、違います。ほんの数年前、アルフレッド大王の孫のアゼルスタン王は、王国が発給した地権書に「イングランド王」と自らを記しました。ですからもはや七王国のウェセックス王国ではなく、新たに誕生した統一イングランド王国の、首都ウィンチェスター王宮でのことです。

その日、玉座のアゼルスタン王の周りには、王の側近たちが集まっていました。王のお気に入りの若き聖職者ダンスタンもそこにいました。王を筆頭に、その日王宮に集った者たちの視線は、アゼルスタン王に招かれて来たある人物に注がれています。その人は、八〇歳にもなろうかという、当時にあっては珍しい高齢の男でした。しかし、体軀《たいく》はいまだ往年を彷彿とさせるほどしっかりとしていました。

老人は昔、イーストアングリア王国のエドモンド王の太刀持ち（Sword Bearer）をしていました。皆はこの老人が語る殉教王聖エドモンドの話を聞きたくて、ここにいるのです。

その、かつての太刀持ちは、ゆっくりと一人ひとりを見回した後、穏やかな、心に染み入るような声で語り始めました。

「エドモンド王は、立派なお方でした。デーンの賊どもにも全く怯《ひる》むことなく、主イエス・キリストへの信仰を見事に貫かれた。王は我ら家臣を皆、王宮から逃がされ、なだれ込んできた荒々しい異教徒たちの前にたったお一人で立たれたのです……」

このとき、エドモンド王がデーンによって殺害されてからすでに半世紀以上過ぎていました。ダンスタンは老太刀持ちの話を一言一句聞き逃すまいと、耳をそばだてていました。


時は流れ、ダンスタンはカンタベリー大司教となり、その名声はヨーロッパ一円にとどろきました。そんなダンスタンが亡くなる三年前のことです。南仏フルーリーのベネディクト派修道院から、アボという名の高名な修道僧がダンスタンに会うため、海を越えてカンタベリーにやってきました。二人は互いに熱心に語り合い、そして最後にダンスタンはエドモンド王のことをアボに話しました。かつて老太刀持ちがその話をアゼルスタン王の前で語ったように。

深い感銘を受けたアボはその話を聞いたままラテン語で書き留めました。そして数年後、それが書物となって、ウィンチェスターのエルフリック（Ælfric）の許に届けられたのです。

エルフリックは一〇世紀半ばから一一世紀初頭に生きた修道僧で、聖人伝の高名な作者でもありました。彼はアボから送られてきた書物を英語（古英語）に翻訳して世に出します。それが、『聖エドモンドの生涯』（*Ælfric's Life of St. Edmund*）であり、これから語っていくイーストアングリア王エドモンドの話のもとになっている伝記です。

「大異教徒軍団」の犠牲に

エドモンド王は、これまで本書で見てきた武勇に満ちたアングロサクソン七王国の王とは違います。むしろ、武の面に関しては「弱い」王です。彼は英国史に有名な八六六年のデーンの大襲来、いわゆる「大異教徒軍団」を率いてきた首領の一人イーヴァルの要求を拒んだために殺されてしまいます。

しかし、エドモンド王の心はデーンに屈することはありませんでした。彼はキリストへの信仰心を貫き殉教者となったのです。死んだ直後から数々の奇跡伝説を残したエドモンドは、ほどなく聖人となり、人々の信仰を集めるようになりました。今でもエドモンド王を祀《まつ》るサフォーク州のベリー・セント・エドモンズ大聖堂には、訪れる人が絶えません。

それにしてもエドモンド王はデーンにひどい殺され方をしました。体中に矢を射かけられ、ハリネズミのような状態になって死んだと、エルフリックの『聖エドモンドの生涯』にはあります。もちろんこの時代、エドモンド王のみならず多くのアングロサクソン人がデーンに容赦なく命を奪われました。したがって、エドモンド王を語っていくには、彼を殺害した大異教徒軍団はもちろん、デーンの襲来がそもそもどういうものであったのか、あらかじめ押さえておく必要があります。ゆえに少し長くなりますが、まずデーンのイングランド侵入について概略した後に、エドモンド王の話を続けたいと考えます。

うま味満載の修道院

これはよく指摘されかつ議論されている点ですが、なぜイングランドは、いやイングランドのみならずヨーロッパは、デーン（ヴァイキング）にほとんど歯が立たなかったのでしょうか。イングランドに関しては、わずかにアルフレッド大王とアゼルスタン王の治世を除き、もう軒並み完敗といっていい状態です。

挙げ句の果てには、イングランドはデーンを先祖とするノルマン人に国を奪われ（ノルマンの征服）、王様も貴族も上級聖職者も皆、フランス語を喋《しゃべ》るノルマン人になってしまいます。イギリスの現国家元首であるチャールズ三世率いる英国王室は、その開祖をノルマンディ公国からやってきたウィリアム征服王としています。よって、チャールズ三世の遠い祖先も、あえて言えばデーン、すなわちヴァイキングということになります。

とにかく国を乗っ取ってしまうほど強かったデーンは、はじめは後年ほどの大船団ではなく三～四隻の単位でやってきました。彼らが、言葉は悪いですがツイていたのは、当初襲った対象が守りも何もない赤子の手をひねるように容易な、しかもたくさんの財貨がある場所だったことです。修道院でした。

修道院はキリスト教の聖職者が修行し自己鍛錬する場所です。人々にキリストの教えを伝え広める教会とは違って、修道院は町や村の中心には普通、建ちません。たいていは世間から離れた、断崖絶壁、半島の先といった海に面した場所、あるいは山中に建っていました。これは基本的に今でもそうです。修行の場は、俗世から隔離されなければならないのです。つまり、辺鄙《へんぴ》な場所にあるということは、いざというとき、危険が迫ったとき、容易に助けを呼べない、すぐに人々や兵が駆け付けられない、ということでもあります。

そんな修道院には、神の加護と魂の安寧を願って王や裕福な人々、そして庶民までもが競って寄進をしました。宝の山でもあったのです。船で来るデーンは海岸線に沿って進み、襲う場所を物色します。そんな彼らに見つけてくれと言わんばかりのところに、守りが全くない聖職者しかいない修道院があるわけです。襲う自分たちが反撃される懸念がない、うま味満載の目標を、キリスト教徒でもないデーンが放っておくはずはありません。

内陸まで侵入できた理由

こうしてイングランド略奪の味を覚えたデーンたちは本国に戻るとそれを仲間に報告し、次々と襲ってくるようになりました。『年代記』にも見られるように当初デーンの襲来がもっぱら修道院だったのは、こういう理由です。やがてデーンは船の数を増やし、時には大船団で内陸の村や町まで攻めてくるようになりました。

彼らがイングランド内陸まで攻めていけた理由の一つには、ブリテン島や西ヨーロッパ地域における海面の大きな干満差が挙げられます。我が国の河川ではさほど感じられない現象ですが、ブリテン島の大きな河川は上げ潮の影響が大きく、船の遡上が比較的容易です。この大きな干満差があるからこそ、イギリスでは運河が発達し、ドック造りが盛んになったのです。イギリスが世界有数の海運国家、造船国家になったのには、それなりの理由がありました。デーンたちもこうしたブリテン島の河川の特徴をうまく利用して川を遡り船を内陸深くまで進め、略奪や人々の殺戮を繰り返すようになりました。

困難だったデーンの撃退

ここで問題なのは、なぜイングランド側はデーンに反撃して撃退できなかったのかということです。実はそれがなかなかできませんでした。彼らはいつもいきなり現れたからです。考えてもみてください。電話など近代的な連絡手段は何もない時代です。たとえデーンの船団を河口で発見しても、人力か馬で伝えに行くしかありません。その間にデーンたちは上げ潮に乗って、オールを漕ぎ、いい風なら帆も張って進みます。知らせがどんなに急いでも、彼らが襲おうとしている地に同時に着くのが精一杯です。

したがって襲われる側は戦いの準備をする時間がありません。例えば地方のエアルドルマンといった首長クラスの有力者が治める地域が襲われたとします。当時の地方の軍は、首長一族とその直臣である従士《セイン》など直属の兵より成る家臣団と、フリュド（Fyrd）と呼ばれる自由民を主体とした徴集兵が母体でした。これら直属家臣兵や徴集兵を合わせても、大した兵力は期待できず、しかも普段は域内に散らばって暮らしています。加えて自由民は農民ですので、収穫期の忙しいときには戦いに呼べません。というか、七王国時代、農作業の繁忙期には戦いそのものを避けました。

ゆえにいきなりデーンが現れると、首長たち、すなわち防衛の長たちはとても域内の全ての兵を集める時間はなく、ほんのわずかな直属の家臣団だけで戦わなければなりません。デーンの戦術は基本的に奇襲であり、襲われた側は兵力がとても足りない状態で対さなければならないのです。

一つの例ですが後の九九一年、パント川を遡上してきたノルウェーのオラーフ・トリグヴァソン率いるデーン軍と、何とか兵を集めて彼らをずっと追ってきたエセックスのエアルドルマンであるビュルフトノース率いる兵が、モルドンで激突しました。この戦いは、古英語で謳《うた》われたイギリス文学における不朽の叙事詩『モルドンの戦い[*1]』で有名ですが、やはりイングランド側は圧倒的に寡兵であり、果敢に戦ったもののビュルフトノースは殺されエセックス軍は全滅しました。

兵の多さと機動力で優位

実際、デーン軍の兵力はどのくらいだったのでしょう。海をはるばる渡ってくるデーンたちの船には、ロングシップ（Longship）と呼ばれる大きいものでオールの漕ぎ手の座がだいたい三〇座ほどありました。漕ぎ手はすなわち戦闘員ですから、この漕ぎ手の座の数

オーセベリーのヴァイキング船　（提供：Petter Ulleland / Wikimedia Commons）

に指揮官などを加え、一隻につき三〇人から三三人程度が乗れたということです。ノルウェーのオーセベリーの墳丘墓から発掘された有名な九世紀初頭の船がこのくらいの規模です。

前述のモルドンの戦いで、デーンの首領オラーフ・トリグヴァソンが乗っていた船が、漕ぎ手の座が三四と伝えられています。最も大きいのは、一〇一六年にイングランド王となったクヌートが乗った船が六〇座の大船だったそうです。『年代記』が報じた七八九年のデーン最初のイングランド来襲時における船の数は三隻でした。船がどの程度の大きさだったのかわからないので、仮に三〇座だったとしますと、この初来襲時は約一〇〇人のデーン兵が来たということになります。

これが、エグバートが敗れた八三六年のカーハンプトンの戦いになると、デーンが乗ってきた船の数は『年代記』によれば三五隻です。一隻三〇座ですと、兵の数は一〇〇〇人を少し超えます。かなりまとまった兵力であり、防御側に何の準備もないまま、これだけの敵兵がいきなり現れたらとんでもないことになります。エグバートが敗れたのも頷けます。

つまり、デーンは初期の頃はともかく、やがて多数の船を連ねてくるようになり、突然襲われる側は兵を集める間もなく、寡兵のまま戦わなければならない不利な状態が恒常化します。何とかまとまった兵を率いた防衛側の援軍が駆け付けたとしても、略奪を終えた彼らはとうに船で川を下っていて、後を追うことすらできません。そして一旦海に出たデーンたちはすぐさま別の川を遡上し、新たな略奪を続ける。機動力の塊のようなデーン軍です。これではイングランド側がそうそう勝てる理由がありません。

しばしばデーンやヴァイキングが強かったのは、よく訓練され、戦士として優れていたからだといわれます。けれども彼らの強さは、船という機動力を駆使し、相手に防御の準備を与えない奇襲で常に戦術的に優位に立っていたという、道理にかなった強さだったのです。兵の質や能力で優劣があったのでは、決してありません。

略奪から占領へ

さて、こうしたデーンたちの襲撃は九世紀半ば以降、明らかに性格が変わってきました。八五一年にはデーンたちはケントのサネット島で冬を越したと『年代記』にはあります。これまでは、襲っては一旦本国に引き返していたデーンたちに、イングランドに腰を落ち着けて侵略にあたろうという動きが見えてきたのです。つまり、彼らの目的が、単なる略奪から、イングランドの地の占拠、そして定住へと変わってきたということです。

そしてこの年、『年代記』は、何と三五〇隻の大船団を組んだデーンが、テムズ川河口にやってきたと報じています。前述の計算でこのときの兵の数を算出すると一万五〇〇〇人もの大兵力になります。『年代記』がいうこの三五〇隻という数にどれだけ信憑性《しんぴょうせい》があるかは、正直のところ全くの疑問です。ただ、もし本当だったとしたら、定住、占拠という彼らの新しい目的が、このときのデーン軍の規模でわかります。

そして、いよいよエドモンド王を殺した八六六年のデーンの大軍がやってきます。もっとも年代記がこのデーン軍を特別に「大異教徒軍団」と名付けた割には、何隻の船で来たかは記されておらず、ゆえにデーンがどのくらい上陸したのかは不明です。大異教徒軍団の兵数に関しては昔からさまざまな説があり、数万から数千人まで百家争鳴です。

ラグナル・ロズブロークの息子たち

ではなぜ大異教徒軍団という「大きな」名前が付いたのでしょう。想像するに、このとき来たデーンの破壊力が凄まじく、その印象からもこういう名前が付いたのかもしれません。実際、大異教徒軍団によってイーストアングリア王国は滅び、ノーサンブリア王国のヨークを含む南半分（旧デイラ地域）と、マーシア王国の東半分は彼らのものとなりました。以降これらの、イングランドのほぼ半分にあたる地域はデーンが治め、彼らの法が支配するいわゆる「デーンロウ」地帯となりました。

この大軍団を率いてきたのが、スカンジナビアの伝説的首領であるラグナル・ロズブローク（Ragnar Lothbrok）の息子たち、すなわち骨なしのイーヴァル（Ivar the Boneless）とフッバ（Hubba）およびハルーヴダン（Healfden）でした。イーヴァルの骨なしというニックネームは、生来の骨の発育不全で歩行が困難だったことに起因するとされていますが、確かなことはわかっていません。このイーヴァルは、『聖エドモンドの生涯』ではヒングァー（Hinguar）と呼ばれています。もっとも大異教徒軍団はこの三人をリーダーにした統制のとれた軍団ではなく、実際にはもっと多くの指導者や首領をも含み、命令系統も複数あったデーンの連合体だったようです。

こんな彼らが第一のターゲットとしたのは、ノーサンブリアでした。ちなみにこの時点で残っていたアングロサクソン人の王国は、イーストアングリア、ノーサンブリア、マーシア、ウェセックスの四王国で、ウェセックスは、八五一年に三五〇隻の船でやってきたデーンとすでに一四年以上戦っていたのです。

伝えられるところによると、大異教徒軍団のリーダー三兄弟は、父親の仇を討つためにやってきたということです。彼らの父親ラグナル・ロズブロークは少し前、ノーサンブリアを二隻の船で襲って敗れ、捕えられたラグナルはノーサンブリアの王になるアエラに毒蛇だらけの穴に投げ込まれました。死の間際に、ラグナルはこう呟《つぶや》いたそうです。

——親豚が屠《ほふ》られるのに気付いた子豚たちは、ぶうぶうと騒めく。——

息子たちは自分がこうやって殺されたことをすぐに悟り、必ず復讐にやってくるとアエラに呪いをかけたというのです。まあ、真偽はどうであれ、巷談としてはこういう劇的な筋書きがあった方が受けがいいのは確かです。

劫略《ごうりやく》し回るデーン軍

さておき、ノーサンブリアをターゲットとした大異教徒軍団は、その第一ステップとして、八六六年にまずイーストアングリアに上陸します。『年代記』はこのとき、デーンとイーストアングリアが「和平を結んだ」とし、戦いがあったとは記していません。もっともこれはデーン軍に去ってもらうためにイーストアングリア側が貢納金を払ったからです。また、デーン側にも馬を補充するという思惑がありました。つまり、彼らはイーストアングリアをイングランド侵略の補給基地としたのです。そして、恐らく人員の補充もあったものと思われます。

一概にデーン軍団といいますが、実際にはアングロサクソン人も加わっていました。アルフレッド大王についても、麾下のかなりの数のウェセックス兵がデーン陣営に走ってしまい、大王が苦悩する話があります。いつの世も強い方に人が流れるのは、安全や生活の糧を確保していく上では仕方のないことです。ですから大異教徒軍団と呼ばれた理由の一つには、イングランドの地で越冬している間のリクルートなどで、事実規模が大きくなっていったという背景もあるのでしょう。

翌八六七年、準備を整えた大異教徒軍団はノーサンブリアに向かい、ヨークを占拠します。ノーサンブリア軍はデーン軍とぶつかりますが大敗します。王アエラは捕えられ、「血の鷲《わし》」(Blood-eagle)という凄惨な殺され方をしたと伝わっています。

占領したヨークにアングロサクソン人の傀儡王を置いたデーン軍団は八六八年、そこからマーシア劫略に転じます。マーシアはデーン軍にとても太刀打ちできず、王のバーグレッドはウェセックスに救援を求め、ウェセックス王のエゼルレッドと弟のアルフレッドがデーンと戦うために来たと『年代記』にはあります。

その後デーン軍はノッティンガムで越冬し、再びヨークに戻ります。ここで兄弟たちは分かれます。フッバはヨークに残り、骨なしのイーヴァルことヒングァーはエドモンド王を屈服させるため、再びイーストアングリアに軍を進めてきました。もはやイーストアングリアには、二度目の貢納金を払うゆとりはありませんでした。王のエドモンドはデーンと戦うことを決意します。しかしイーストアングリア軍は敗れ、やがて彼がいる王宮にデーン軍が迫ってきます。八六九年のことです。

では、エルフリックの『聖エドモンドの生涯』の内容を紹介しながら話を進めます。

戻ってきたヒングァー

『聖エドモンドの生涯』が記すところによれば、エドモンド王は敬虔なキリスト教徒でした。王は貧しい人には物惜しみをせず施しを与え、深い慈悲の心で人々を正しきへ導き、暴力を排斥しました。まさにキリストの僕《しもべ》そのもののようなエドモンドですが、そんな彼の王宮にヨークから戻ってきたデーン軍団の使者がやってきて、携えてきたヒングァーの手紙を読み上げます。

——勇敢にして海と陸の覇者である我らが王ヒングァーは、今や多くの人民を支配している。王ヒングァーは汝《なんじ》に命じる。汝はその持てる宝と祖先の富をすぐに我らに差し出せ。そうすれば汝は我らの許で、手下の王として止まれるであろう。——

エドモンドはデーンから、彼らの下王となって生き延びるための条件を出されました。王は側近の司教を呼び意見を求めます。司教は、王の身の安全を考え、ヒングァーの求めに従う方がいいと答えます。しかし、エドモンドは言います。

――見よ、司教！　我らの人民は苦難にまみれている。私はむしろ戦って死にたい。我らの人民が土地を奪われないよう、ずっと保持し続けられるよう。――

司教は悲痛な気持ちで王に訴えます。

――ああ、敬愛なる王よ。あなたの人民は今や無残にも殺されて諸所に倒れているのです。もはや王国に兵は残っていません。いますぐ逃れるか、彼らの要求通りに財宝を引き渡すかしなければ、あの賊どもはすぐになだれ込んできて、あなたを縛り上げるでしょう。――

エドモンドはしばしの沈黙の後、口を開きます。

――私は、愛する我が臣民が子供たちや妻とベッドで一緒に眠っているときに、突然賊どもに襲われ殺されてしまった後、自分一人残されたいとは夢にも思わない。逃げるのは私の許すところではない。私は神への信仰ゆえ決して道を違《たが》えはしない。この先、どうなろうとも。――

広間で待っているヒングァーの使者の前に戻ると、エドモンドは決然と答えを返します。

――汝は死に値する。しかし、私は我が清き手を汝の汚れた血で汚したくない。なぜなら私は主イエス・キリストの使徒であるからだ。私は、神がお命じなら喜んで汝らに殺されよう。去れ。そして汝の残虐なる主人に伝えよ。エドモンドは異教の首領であるヒングァーに断じて平伏したりはせぬと。まずその者こそ、イエス・キリストに捧げたこの王国において、主への信仰心をもってひれ伏さぬ限り。――

殉教したエドモンド王

やがて使者からエドモンド王の返答を聞いたヒングァーが、兵を率いて王宮になだれ込んできました。王はあらかじめ家来たちを王宮から逃がし、広間に一人立っていました。

ヒングァーの命令でデーンたちはエドモンドを縛り、罵りながらこん棒で打ち続けます。さらに彼らはぐったりした王を館の庭の大木の下に連れていき、その木に固く縛り付け、長い間鞭《むち》で打ち据えたのでした。

その間も、王はずっと主イエス・キリストの名を呼び続けていました。そのことにさらに怒り狂ったデーンたちは、ついに王を矢で射たのです。王の体には数えきれないほどの矢が突き刺さり、ハリネズミのようになりました。虫の息になりながら、それでもエドモンドはかすかな声で、キリストの名を呟き続けていました。

ここに至り、ついにヒングァーは手下に王の首を斬れと命じます。彼らは木に縛られていた王を庭の真ん中に引きずっていき、一撃で首を斬り落としました。その一部始終を、館の片隅に潜んでいた一人の家臣が見ていました。そう、このへんがやはり「物語」なのですね。ちゃんと目撃者を配置しておくのですから。

やがてデーンたちは船へと戻っていきましたが、その途中で彼らはエドモンド王の首を深い森の木苺《きいちご》の茂みに放り投げていきました。彼らが船で立ち去った後、王の命令で逃れていた家臣たちが王宮に戻ってきてエドモンドの首のない遺体を見つけます。人々が嘆き悲しんでいたとき、前述の目撃者が現れて、王の首はデーンが森の茂みに隠したらしいことを伝えます。

王の首を守る狼

人々は森に王の首を探しに行きますが、物語ではこのあたりからエドモンド王が神性を帯びてきます。皆は当時、深い森を通る人がしばしばするように、こう呼びかけます。

――友よ、今どこにいる？（Hwær eart þu nu, gefera?）――

すると、王の首が応えます。

――ここだ！　ここだ！　ここだ！（Her! Her! Her!）――

このあたりはちょっと笑ってしまいますが、そうやって人々は王と呼び合いながら、ついに首のところにたどり着いたのでした。するとそこには一匹の灰色の狼がいました。狼はまるで王の首を守るかのように、二本の前足の間に王の首を抱いていたのです。飢えた空腹の狼、しかし決して首を食べようとはせず、他の動物から守るように狼はそこにうずくまっていました。人々は全能の神がなされる御業《みわざ》に感謝しつつ、王の首を持ち帰りました。狼は後からついてきて、王の首が町に戻ったのを見届けると、森へと戻っていきました。人々は王の首を体の元の位置に置き、王を埋葬するとともに大急ぎで礼拝堂を建てたのでした。

この、王の首が喋ることといい、狼が首を守っていることといい、エドモンド王がデーンに殺されてからの『聖エドモンドの生涯』の展開は、殺されるまでの「まっとうな」内容から、一気に奇跡だらけの、まさに聖人伝の世界に突入します。

金縛りなど、奇跡の数々

さて、それから何年か経ち、デーンたちの攻撃も止んで打ちひしがれた人々に平和が訪れるようになると、人々はまた集まって、今ある急ごしらえの礼拝堂をエドモンド王にふさわしい規模の教会に建て直すことにしました。というのも、王の埋葬された礼拝堂付近では、たびたび奇跡が起こるという噂が広まっていて、ゆえに人々は大いなる畏敬の念を抱いて遺体を運び、新たな教会に安置したいと願ったのです。

そのおり、人々は再び現れたエドモンド王の遺体に驚愕《きょうがく》しました。何と王の体は全く腐敗していなかったのです。王はあたかも生きているかのごとくであり、その切断された首は元のように治っていて、デーンたちがどのように王を殺したかを示すかのごとく、赤い絹糸で縫ったようなかすかな線がありました。デーンが射た矢による数多くの傷痕も、王の体には全く残っていませんでした。

この新たに建てられた王の教会の近くにはオスウィンという未亡人が、祈りのために住んでいました。彼女は毎年この聖人の爪と髪を、愛をこめて切っていたというのです。エドモンドの爪や髪は、死後も伸びていたということでしょう。

ある夜、八人の盗賊たちがエドモンド王に寄進された財宝を盗もうと、教会に侵入しました。しかし、その企ては失敗しました。盗賊たちは全員金縛りにあってしまったのです。ある者は扉の留め金をハンマーで叩き壊そうとしているそのままの姿勢で、ある者は留め金をヤスリで削っている格好で、ある者は扉の下を鋤《すき》で掘っている状態で、ある者は架けた梯子《はしご》に乗って窓の鍵を外そうとしたまま、各人は道具を持ったままの姿勢で、全く動けなくなりました。そうして彼らは朝までその場で立ち尽くし、捕えられたのでした。

また、レオフスタンという金持ちの男がいました。常日頃からこの男は尊大な態度で有名であり、聖エドモンド王の教会にも馬で乗り入れ、聖職者たちに聖人の遺体が本当に腐敗していないかどうか見せろと言ってきました。しかし男はエドモンド王の遺体を見たとたんわめき出し、恐ろしし気に唸り、ついにおかしくなって死んでしまったということです。

そして、アルフレッド大王へ

以上、全てではありませんが、エルフリックの『聖エドモンドの生涯』のおよその内容です。本章のはじめの方で、武に関してはエドモンド王は「弱い」王であるといいました。しかし、本当はとんでもない強い王だったということが、これを読むとわかります。彼の強さ、それはキリストへの固い信仰心に基づいた、自己犠牲も厭《いと》わない精神の強さでした。王はいいます。

——私は、神がお命じなら喜んで汝らに殺されよう。——

あの、異教の塊のような王だったレドワルドから二四〇年ちょっとで、イーストアングリアからこんな、殉教をも厭わない王が出てきたことを考えると隔世の感があります。それだけキリスト教がアングロサクソン人を質的に変えてきたということでしょう。こういう王が出てきたということは、勇猛な戦士王に象徴される七王国時代の終焉《しゅうえん》が、もう訪れていたのだということでもあります。

このエドモンド王が亡くなった年、すなわち八六九年には、アルフレッド（大王）は二〇歳の青年であり、兄のウェセックス王エゼルレッドと共に大異教徒軍団のデーンと戦っていました。その二年後の八七一年、デーンとの戦いの傷がもとでエゼルレッドが世を去ると、アルフレッドが跡を継いでウェセックス王となります。デーンとイングランドの明日をかけた戦いが始まります。

註

＊1　『モルドンの戦い』については、拙著『消えたイングランド王国』（集英社新書、二〇一五年）に翻訳文と共に詳細に記している。

Ⅷ

デーンを叩き、イングランド王国の土台を創った末っ子王

―アルフレッド（ウェセックス王国）―

イングランド、オックスフォードシャー州ワンテージにあるアルフレッド大王像
（提供：Science Photo Library/ユニフォトプレス）

英国民の人気投票での位置

ちょっと古い話になりますが二〇〇二年、イギリスのBBC（英国放送協会）で「一〇〇人の偉大な英国人」（100 Greatest Britons）を投票で選ぶテレビ番組がありました。過去の偉人から現代のミュージシャンまで、実に多彩な人物が選出され、その中には私たち日本人もよく知っている人が多数含まれていました。この国が輩出した世界的スケールの人材の多さに、今さらながらに感心しますが、その人気投票の一四位に、アルフレッド大王（Alfred the Great）が入っていました。

参考までに投票の一位から一三位までを紹介しますと、一位はウィンストン・チャーチル（政治家）、二位イザムバード・キングダム・ブルネル（エンジニア）、三位ダイアナ（プリンセス・オブ・ウェールズ）、四位チャールズ・ダーウィン（自然科学者）、五位ウィリアム・シェイクスピア（劇作家）、六位アイザック・ニュートン（物理学者）、七位エリザベス一世（女王、在位：一五五八年―一六〇三年）、八位ジョン・レノン（ミュージシャン）、九位ホレーショ・ネルソン（海軍提督）、一〇位オリバー・クロムウェル（護国卿）、一一位アーネスト・シャクルトン（南極探検家）、一二位ジェームズ・クック（海洋探検家）、一三位ロバート・ベーデン＝パウエル（ボーイスカウト創立者）となっています。

全ての時代を含んだ有名人一〇〇人の中の一四位ですから、アルフレッド大王は大したものです。マーガレット・サッチャー（一六位、元英国首相）やポール・マッカートニー（一九位、ミュージシャン）、前英国国家元首のエリザベス二世（二四位）よりも上なのです。

まあ、しかしこのBBCの人気投票、既述のごとくいささか古いものであり、今後再び投票を行ったら順位に変動は当然出てくるでしょう。

エピソード満載の大王

それでもアルフレッド大王の順位はあまり動かない気がします。なぜって、大王が亡くなったのはもう一一〇〇年以上前のことであり、選ばれた有名人一〇〇人中では、二番目に古い人（最も古いのは、三五位のボウディッカ＝紀元一世紀、ローマの支配に叛旗を翻したブリトン人女王）です。これだけ長い年月、人々の評価や審判を経てこの順位です。いかに大王がイギリスにおいて、子供から大人までずっと親しまれ、尊敬されてきたかがわかります。

どうしてアルフレッド大王が今も人々を惹き付けているのか。まずはデーンに痛撃を加え、彼らの攻勢を抑え込んだことです。イングランド人がなかなか勝てなかったデーンをここ一番の戦いで破り、人々の自信を取り戻した大王の功績は何といっても大です。

また、大王は統一国家イングランドの出現に繋がる国の機構の刷新を行いました。軍制を改革したり、水軍を創設したり、法典を編纂したり、さらには難しいラテン語の古典を自ら英語（古英語）に翻訳しました。加えてオックスフォード大学を創立したり、時計を発明したりと、真偽はさておき、いろいろなことをやった、エピソード満載の王様として語られてきたゆえに、人々をずっと魅了してやまないのです。敬意をもって「大王」（the Great）と冠せられているのも、こういうところに理由があります。

兄たちより先に詩を朗読

そんな多能で伝わっているアルフレッド大王は、ウェセックス王エゼルウルフの五人の息子の末っ子でした。すなわち、アルフレッドには上から順にアゼルスタン、エゼルバルド、エゼルベルト、エゼルレッドの四人の兄がいました。このうち長兄のアゼルスタンは父親エゼルウルフ期待の王位継承者でしたが、アルフレッドがまだ二歳のときに若くして死んでしまい、ウェセックスの王位に就くことはありませんでした。一方で次兄のエゼルバルド、三兄のエゼルベルト、四兄のエゼルレッド、そして末のアルフレッドは、兄が死ぬとすぐ下の弟が継ぐという具合に、四人とも順にウェセックス王となりました。

このうち、アルフレッドの王としての在位期間が二八年間（八七一―八九九）と比較的長かったのに対し、次兄エゼルバルドは五年（八五五―八六〇）、三兄エゼルベルトは六年（八六〇―八六六）、四兄エゼルレッドは五年（八六六―八七一）と、それぞれが短い在位で世を去っています。彼ら三人の兄たちの在位期間はデーン人の攻撃が激化し始めてきた頃と重なっています。ゆえに三人全てではないにしても、デーンとの戦いで傷を負ったということが原因で、次々と世を去ったのではないかと考えられているのです。

こうした、デーンの攻勢が高まりつつあった時代にアルフレッドは育ってきたわけですが、彼は緊迫した情勢下ながら、末っ子ということもあって父王エゼルウルフと母のオスブルフ（Osburh）の愛情を一身に受けていました。もっともデーンの攻撃を避けるため、アルフレッドは両親や教育係などの一団と共に王国内を転々としなければなりませんでした。よって腰を落ち着けて読み書きや教養の勉強をする時間を持てず、青年近くになるまで彼は文字が読めなかったということです。英邁な君主として伝わっているアルフレッド大王の意外な少年時代です。

しかし字が読めなくとも頭の良さは相当なものだったようで、アッサーの『アルフレッド大王伝』には面白いエピソードが記されています。ある日、母親がアルフレッドと兄たちに自分が持っている英語（古英語）の詩の本を見せながら、一番早くこの詩を朗読できた者にこの本をあげると約束したところ、アルフレッドはその本を教師のところに持っていって教えを受け、いち早く詩を覚えると母親の許に戻り、すらすらと朗読してみせたということです。

二度のローマ行

父親のエゼルウルフ王は、こんなできる末っ子に早くから特別な愛情を注いでいて、わずか四歳のときアルフレッドは父親によって単独——といっても数人の家臣は随行していたでしょうが——ローマに送り出されました。そこで彼は教皇レオ四世の手によって聖油で清められ、『年代記』によればウェセックス王として聖別されたということです。まあ、聖別に関してはアルフレッドを特別な存在とする『年代記』の創作の疑いが濃いですね。彼には上に兄が三人いますし、第一ほんの子供ですからこの段階で王になれるはずはないのです。

その二年後、アルフレッドは再びローマを訪れます。今度は父のエゼルウルフに伴われたローマへの巡礼の旅でした。その帰路、アルフレッドは父親と共に西フランク王国のシャルル禿頭王《とくとうおう》（シャルル二世）を訪ね、少しの間そこに滞在します。

それにしてもローマに二度行ったことといい、華やかな西フランクの宮殿で過ごしたことといい、恐らく父のエゼルウルフはアルフレッドが将来王になるであろうことを見越して、見聞を広めるための教育を意識して授けていたのでしょう。後のアルフレッドの活躍を考えれば、父エゼルウルフの眼力は大したものです。

父親が連れ帰った「お家騒動」の種

ただ、父親のその後がよくありません。エゼルウルフは禿頭王の娘で何と一二歳のジュディスを花嫁にもらうと、浮かれ気分で国に彼女を連れて帰ってきました。驚いたのが息子たちです。というのも、エゼルウルフはローマに立つ前に王国の西半分を次男のエゼルバルドに、東半分を三男エゼルベルトに分け与えていました。

こういう後事を託すような采配を父親がすると、息子たちはエゼルウルフはもう国には戻らず、ローマで、祈りの中で人生の終わりを迎えるつもりなのだなと考えてしまうのも道理です。もともと信心深い父ですし、ローマで人生の最期を迎えるのはキリスト教に帰依した七王国の王の理想でもありました。事実、過去にそうした王たちもいたのです。

それが、ひょっこり、しかもびっくりするほど若い嫁を連れて戻ってきたのですから、さあ大変です。一時はにわかに若返った父親と息子たちの、王国の相続をめぐる「お家騒動」の様相を呈してきたほどです。でもお騒がせの当のエゼルウルフは戻ってきて二年で死んでしまい、ジュディスはエゼルバルドの妻となったので結果的に全てが何事もなかったかのように円く収まりました。そうです。デーンと戦争をしている最中です。王国内でいざこざを起こしている場合ではなかったのです。

ともあれこれら少年期に比べ、次兄のエゼルバルドや三兄のエゼルベルトがウェセックス王だった頃のアルフレッドは、記録にほとんど現れず、その間彼がどう過ごしていたのかはよくわかっていません。アルフレッドが表舞台に登場してくるのは、四兄の、すなわちすぐ上の兄エゼルレッドが八六六年に国王に即位してからです。折しもこの年、ラグナル・ロズブロークの息子たちが率いる大異教徒軍団がブリテン島に上陸してきました。アルフレッドは兄王のエゼルレッドと共に、いよいよ大異教徒軍団との戦いに臨むことになります。

王位をリレーした兄弟

この大異教徒軍団が来たとき、ウェセックスは八五一年に三五〇隻の船を連ねてやってきたデーンとすでに一四年以上も戦っていました。これは先に触れた通りですが、『年代記』はその年にエゼルウルフ王と次男のエゼルバルドがアクリアフというところでデーンと戦い、勝利したとしています。アクリアフは現在のサリー州の小村オークリーとされています。

アクリアフではウェセックスが勝ちました。しかしデーンとの長い血みどろの戦いはその後ずっと続いていたのであり、そういう状況からも次兄のエゼルバルドや三兄のエゼルベルトの王としての在位期間が短かったのは、実際のところは記録がないのでわかりませんが、一連の戦いで何らかの傷を負い、それが死に繋がったのではないかと見られているわけです。兄が斃《たお》れてすぐ下の弟へ、その弟が斃れてまたその下の弟へ。王位はこうして兄弟間でリレーされました。凄まじい時代です。

そんな兄王たちの跡を継いでウェセックス王となった四兄のエゼルレッドは、その右腕となった弟の副将アルフレッドと共に、骨なしのイーヴァル（ヒングァー）率いる大異教徒軍団と対することになります。時に八六八年、大異教徒軍団は占領したノーサンブリアのヨークからマーシアに侵入し、ノッティンガムを占拠します。恐れおののいたマーシア王バーグレッドはウェセックスに救援を要請し、王のエゼルレッドと副将アルフレッドは軍を率いて駆け付けます。これがアルフレッドの初陣となるのですが、このときはデーンが軍を退き、さほどの戦いはありませんでした。

マーシアから軍を退いたイーヴァルはヨークに戻り、そこから八六九年にイーストアングリアに向かい、エドモンド王を無残にも殺します。こうしてイーストアングリアを完全に自分のものにしてしまうのは前章で見た通りです。そして翌八七〇年の終わりからイーヴァルの大異教徒軍団は西へ移動、イングランド南部バークシャーのレディングを制圧し、ここをウェセックス侵攻の基地とします。アルフレッドの生涯にわたる長いデーンとの戦いが、いよいよ始まります。

末弟、いよいよ王となる

八七一年の年明けすぐから、エゼルレッドとアルフレッド兄弟率いるウェセックス軍は、大異教徒軍団を相手に一連の戦いを開始しました。まずウェセックス軍はデーンの拠点のレディングに向かい、彼らの塞《とりで》を包囲しようと試みます。激しい戦闘がなされ、双方に多数の死者が出ました。結果は、『年代記』が「デーンどもはその殺戮がなされた場所を保持した」と記しているように、アルフレッドたちの負けでした。このレディングの敗戦の四日後、再びウェセックス軍はアッシュダウンという、現在のバークシャー州の小村コンプトン付近でデーン軍と激突します。

このアッシュダウンの戦いはウェセックス軍の勝利でした。『年代記』によれば、アルフレッドはデーンの首領たちが率いる部隊と戦い、シドロク親子、オスベルン、フレナ、ハロルドといった首領たちを敗死させ、敵は戦場から逃亡したとあります。アルフレッドの軍事指揮官としての高い能力が示された戦闘でした。しかし、勝ったとはいえウェセックス軍も多くの兵士を失いました。

その二週間後の一月二二日、ウェセックス軍はハンプシャーのベイシングで手痛い敗戦を喫し、さらに二か月後の三月二二日、エゼルレッドとアルフレッドはマートンで再びデーンに敗れます。マートンは現在のウィルトシャー州のマーデンではないかとされていますす。ウェセックスにとっては敗戦続きで苦しい状況が続きます。が、さらに事態は厳しくなるのです。

『年代記』は語ります。このマートンの戦いの後、デーンの「夏の大軍団」(Great Summer Host) がブリテン島にやってきたと。この新たなデーンの大部隊は、八七一年に来寇すでに各地を散々荒らし回っている大異教徒軍団と合流し、デーン兵の数は一気に増大します。

悪いことは続きます。マートンの戦いで深手を負ったエゼルレッドが亡くなるのです。エゼルバルド、エゼルベルト、そしてエゼルレッドと、兄弟で文字通り「必死」に引き継いできたウェセックスの王位が、いよいよ末っ子のアルフレッドに渡るときが来ました。このとき、アルフレッド二二歳。エネルギーとひらめきが充満した若者でした。

お金で平和を結ぶ

しかし、夏の大軍団と合流したデーン軍は、アルフレッドに兄のエゼルレッドを弔うための十分な時間を与えることは、ありませんでした。王になったばかりのアルフレッドに、すぐさまデーンの大軍が押し寄せます。彼はウィルトシャーのウィルトンにデーン軍団を迎え撃ちます。アルフレッドはよく頑張り、一旦は押し気味に戦闘を続けますが、結局負けてしまいます。この年(八七一年)、ウェセックス軍は都合九回デーンと戦い、一勝八敗と完敗でした。ここに至り、アルフレッドは事態を直視します。

――今はとてもデーンを打ち負かすことはできない。とにかく喫緊の危機を回避する交渉をし、我が王国を立て直す時間が必要だ。――

『年代記』はこのことを、ウェセックスは敵と「平和を結んだ」(made peace with the host)と、何をもって平和なのか意味がよくわからない曖昧な書き方をしています。ウェセックスで編纂された『年代記』は自国の負の部分をほとんど記しません。これは、要するに平和金と称する貢ぎとして多額のお金をデーンに支払い、ウェセックスから軍を退いてもらったということなのです。アルフレッドは現実的な解決を選んだのです。ウェセックスはともかくこれでしばらく、時を稼ぐことができました。

大金をせしめ取ったデーン軍団はその後ウェセックスからロンドンに向かい、八七一年から八七二年にかけてロンドンで越冬すると、矛先を再びマーシアに向けます。マーシアの奥深く侵入した彼らはレプトンで越冬します。ここはマーシアにとっては神聖な地でした。というのも多くのマーシア王が葬られている場所であり、デーンはもちろんそのことを知っていて、ゆえにわざとレプトンに拠点を置いたのです。つまり、より多くの平和金をマーシアからせしめるために。

結局マーシアはデーンに大金をせしめられるどころか、王のバーグレッドは王国から追放されてしまいます。彼はローマに行って余生を送ったということですが、まあ、王個人としてはその方が楽しくかつ安心でしょう。でも残されたマーシア人民は哀れです。『年代記』は八七三年、デーンがマーシア全土を占領したと記しています。

危機一髪の脱出

マーシアをいいように劫略したデーン軍団はここから二隊に分かれます。一隊はラグナル・ロズブロークの息子の一人ハルーヴダンに率いられ彼らの本拠地ノーサンブリアに戻り、定住を始めます。もう一隊はグスルム（Guthrum）らを首領とし、八七五年、再びウエセックスへ侵入します。グスルムはラグナル・ロズブロークの三人の息子と同様に、大異教徒軍団を率いてきた複数のリーダーのうちの一人です。南下したグスルムのデーン軍はドーセットのウェアハムを占拠しますが、アルフレッドは粘り強く戦い、彼らをそこからエクセターへ押し、結局デーンはマーシア領内のグロスターに戻ります。

このデーンの第二次ウェセックス侵攻時、記録によってはアルフレッドは再び平和金を払ったり、人質をデーンと交換し合ったりしたとあります。そういうさまざまな手段を用いながら、デーンを後退させたということです。

グロスターに戻ったデーンは、マーシア東部の「五市地方」(Five Boroughs)、すなわち、リンカン、レスター、ノッティンガム、スタンフォード、ダービィの各市で定住を始めていきます。しかし、グスルム自身は決して諦めることなく、しつこく、そして虎視眈々《こしたんたん》とイングランド南部占領のタイミングを窺《うかが》っていました。そして八七八年一月、疾風のごとく、三たびウェセックスに電撃侵攻します。

そのときアルフレッドは、クリスマスを祝うためにチッペナムの王の館に前年の暮れから来ていて、年明けも引き続きそこに留まっていました。チッペナムは現在のウィルトシャー州北西の町です。この館をデーンは急襲したのです。アルフレッドは完全に虚を突かれました。というのもデーンとは第二次侵攻の終了時に休戦協定を結んでいて、デーンはそれを明らかに破って襲ってきたからです。ほとんど捕まえられそうになる中、アルフレッドは少数の部下と辛うじて館からの脱出に成功、現サマセット州のアセルニーの湿地帯の中央部付近に逃げ込みます。ほどなく彼はそこに簡易な塞らしきものを造り、バラバラと王を追ってたどり着いたわずかな兵たちと防御を固め、デーン撃退のためのさまざまな思案をめぐらすことになります。

焦がしたのはパン？　餅？

ところで、このアセルニーの湿地帯に潜んでいた時期には、後年に伝わるアルフレッドをめぐる多彩なエピソードが生まれました。それらの話に触れずに先に進むのは、何とももったいない気がします。よって、少々冗長かもしれませんが、そのうちのいくつかをここで紹介します。

まず、「パンを焦がしておかみさんに叱られたアルフレッド大王」という話です。デーンに攻められ、敵の陣営に走る者が続出するなど王国はすっかり荒れ、苦境に陥ったアルフレッドは貧民の姿に身をやつし、原野のとある豚飼いの家に逃げ込むように隠れ潜みます。その家のおかみさんは、彼をデーン軍から脱走してきた兵と思い、面倒を見ていました。

あるとき、おかみさんは、オーブンの上に載せたパンが焦げないようちゃんと見ているようにとアルフレッドにいいつけ、外出します。けれどもアルフレッドは憎きデーンのことで頭がいっぱいでパンどころではありません。間もなくおかみさんが帰ってくると案の定パンは真っ黒こげで、おかみさんはこの役立たずとアルフレッドを叱りつけます。そこに王を探しに来た家来たちが入ってきて、おかみさんは彼が王であることを悟り、平伏します。しかしアルフレッドは王としての今の自分を深く反省し、おかみさんに苦しい自分をよく救ってくれた、この恩は決して忘れないと感謝するのです。

この話、イギリス人なら大人から子供まで皆知っているといわれます。が、何と我が国でも幕末に、「万国新聞紙」という日本語の新聞に載っていたというのです。「万国新聞紙」は横浜在留の英国人ベーリー牧師が慶応三年（一八六七年）正月中旬に創刊したもので、この話は慶応四年正月下旬発行の「万国新聞紙」第十集の「大英国史・第七編」に記載されました。ちょっとその内容を覗いてみましょう。

やがて其家の妻帰り餅如何《いかが》なるやと見ば案の外、餅はくすぶりてある故大いに怒りて云には、汝毎《つね》に我焼しもちを遠慮なく食いながら、其もちを焼ことも出来ぬ程の不《ぶ》性奴《しょうめ》かなとて大いに誹《そし》れり。

（ルビは筆者）

パンを焦がしたアルフレッドがおかみさんに怒られる場面ですが、当時の日本人にもわかるようにこの新聞ではパンは餅に変えられていて、それもまたどこか味があります。

エピソードが生まれた潜伏期間

次は、聖人がアルフレッドの夢枕に立ってデーンに勝つ方法を教えたという話です。アルフレッドが食事をしていたとき、巡礼に姿を変えたリンディスファーン修道院の聖クスベルト（六三四頃―六八七）が訪ねてきて、食べ物を求めました。王は自身の食事の半量を彼のために分け、それを食事係の者が持っていったところ、聖人は忽然《こつぜん》と消えました。王の優しさに動かされた聖クスベルトはその夜アルフレッドの夢の中に現れ、デーンに対する戦術を伝授し、勝利を約束したというものです。聖人が訪ねたのは、アルフレッドがいるアセルニーの塞でしょう。

また、吟遊詩人に扮《ふん》したアルフレッドが道案内人に連れられてデーンの野営地に入り、敵情を偵察したというエピソードもあります。王自ら変装し、体を張って斥候となったわけで、こうして集められた敵陣営の情報はアセルニーの塞で詳しく分析され、後の勝利に繋がったということです。

なぜ、この頃のアルフレッドをめぐる伝説が、このようにいろいろあるのでしょう。その理由を推測するのは容易です。アセルニーにいた時期は彼の生涯の「どん底」でした。この先は、彼はもう上昇一直線です。つまり、まさにここがアルフレッドの転換点、言い換えればデーンへの大反撃の出発点なのです。

したがって、彼が自身を悔い改めたり勝利を予感したりする類いの、運気の上昇を示す挿話がこの頃に集中しているのは理解できることです。当然ながらこうした話は後世に作られました。それは取りも直さず、アルフレッドの生涯におけるこの時期の意義を、後の人たちがよくわかっていたということの証です。何としても人々は敬愛する大王の生涯に尾ひれ背ひれをつけて、より偉大にしたかったのでしょう。

「エグバートの石」へ

話を戻します。アセルニーの塞を拠点に、アルフレッドは近辺のサマセットからも少しずつやってきた兵と共に、ゲリラ的な対デーン戦を繰り返します。やがて五か月ほど潜んでいたアセルニーを出ると、「エグバートの石」(Egbert's Stone) に向かいます。この「エグバートの石」、現在のサマセット州セルウッドの東あたりにあったのではないかと推測されてはいますが、それが名前の通り、目印になるような石や岩なのか、あるいは何らかのモニュメントなのか、それとも地名なのか、正確なことは全くわかっていません。ただ、ご承知のようにアルフレッドのおじいさんはエグバートで、ゆえにその名を冠した石は彼にとっては偉大な祖父がこれからの戦いを見守ってくれる縁起のいい「もの」だったのは確かでしょう。

「エグバートの石」で、アルフレッドはサマセットやウィルトシャー、そしてハンプシャーからの兵たちと出会いました。この場所に集結するようにと、王はアセルニーの塞から各地に伝令を走らせていたのです。兵たちは歓喜の声でアルフレッドを迎えました。

そしてここからウェセックス軍は決戦の地、ウィルトシャーのエディントンに向かいます。かくしてデーンとアルフレッドのその後を決めたといわれる大一番、エディントンの戦い（Battle of Edington）が始まります。八七八年五月六日から一二日までの間の、どこかで行われた決戦だろうといわれています。この戦い、アッサーは、『アルフレッド大王伝』で次のように記しています。

翌日、夜が明ける頃にアルフレッドは自軍を動かし、エディントンと呼ばれるところに来た。そこで彼の兵は密集した盾の壁（Compact Shield-wall）を組み、猛然とデーン全軍に立ち向かい、長い戦闘によく耐え、ついに神のご加護で勝利をもぎ取った。
（Keynes, S., and Lapidge, M., trans., *Alfred the Great*　筆者訳）

「盾の壁」で勝ったエディントン

夢枕に立った聖人のおかげか、吟遊詩人に変装して集めた情報のたまものか、ともかくアルフレッドは見事に歩兵による密集戦、すなわち整然と列をなした兵が各自の盾を隙間なく並べて「盾の壁」をつくり、そのまま前進して敵にあたるローマ軍が得意とした戦術でデーン軍を押し、撃破しました。「盾の壁」は、歩兵による頂点に達した戦法です。ただ、列が何層も重なる歩兵の整然とした密集隊形をつくり、しかも統制のとれた動きができないとうまく機能しないので、ある程度の兵数と練度が必要です。そういう、歩兵戦の至上のフォーメーションで、アルフレッドは勝ちました。彼の将としての高い能力に加えて、「エグバートの石」には戦闘経験豊かな兵が集まったということでしょう。

夥しい死者を出したデーンは戦場から潰走し、グスルムはチッペナムの塞に籠もります。そこをウェセックス軍は二週間包囲し、食料が尽きたデーン軍は万事休すとなり、グスル

盾の壁。ドラマ『The Last Kingdom』シーズン1より
（提供：BBC / Album / Newscom / ユニフォトプレス）

ムはついにアルフレッドに和を乞います。その結果有名なウェドモア条約が成立し、デーン軍はウェセックスから恒久的に撤兵することが決まりました。さらに、グスルムが何とアルフレッドの手で洗礼され、キリスト教徒になることとなったのです。

明らかにこのことは異教徒がキリスト教徒の軍門に下ったことを意味し、デーンがこれまでやりたい放題にブリテン島を蹂躙してきたのを考えると、信じられないことでした。もちろん、ブリテン島に侵攻してきたデーンの頭領で最初にキリスト教徒に改宗させられたグスルムにとっては、しかもよりによって敵の大将直々に洗礼されてしまうとは、耐えられない屈辱です。それを甘受しなければならないほどの大敗北を、デーンはエディントンの戦いで喫したということです。

軍制改革の推進

デーン軍はウェセックスから去りました。しかし、アルフレッドには問題が山積しています。デーンは条約を結んだグスルムだけではなく、いつ何時また別の軍団が攻めてくるかわかりません。また、彼は南部はもちろん、デーンが占領した全てのイングランド地域を取り戻さなければならないという、アングロサクソン人の盟主としての責務を感じています。そのためには何よりも自分の王国を強固にしなければなりません。

彼は軍制改革に着手します。まず、兵を半年ごとの交替制にします。つまり、兵の半分は在郷し、半分は軍務に就くというシフトにしました。徴集制である軍の大多数を占める自由農民に農作業と軍務を交互に行わせることで、常時動ける一定数の兵士を確保し、王国の食料も減らさないようにしたのです。

アルフレッドはまた、船という機動力を使って優位に立つデーンに負けないように、水軍を創設します。これはアルフレッド在位の終盤のことになりますが、彼は従来の二倍の長さの、六〇のオール座を持つ、フリースラント型のものでもデーン型のものでもない当時最新の船の建造を命じたとも『年代記』にあります。こういうところにも、巷談に「アルフレッドは英国海軍の創立者である」といわれる所以《ゆえん》があります。

さらに、王国をデーンの攻撃から守るため、ブルフ（Burhs＝「防壁」と訳される）という要塞都市を築き、常駐の守備兵を置きました。ブルフは全部で三三箇所あり、それらはネットワーク化されていました。同時にブルフは商業都市としても機能しました。こうした改革は、これまで防戦一方だったアルフレッドが、アングロサクソン人の土地をデーンから奪還するために、ウェセックスの国境を遥か越えて軍を展開し、支配権を拡大していくことを可能にしていったのです。

ついにロンドンを奪還

そのアルフレッドはついに八八六年、ロンドンをデーンから奪い返します。そしてこの年、彼はイーストアングリアに攻勢を加え、その地に定住していたグスルムの一団と第二の条約を結びます。これにより、イングランド全域におけるデーンの支配領域は、イーストアングリア全土とノーサンブリアの南半分、マーシアの東半分までとなりました。これらが、デーンの法が支配する、いわゆる「デーンロウ」と後々まで呼ばれる地域です。

他方でデーンに占領されていたマーシアの西半分は復活しました。そこでアルフレッドは奪還したロンドンの統治を、マーシアの王族で義理の息子、すなわちアルフレッドの娘エゼルフレダの夫エゼルレッドに委ねました。マーシアはずっとロンドンを支配していましたので旧に戻したのです。

少し先の話ですが、マーシアはエゼルレッドの死後、吸収される形でウェセックスと一体化し、寡婦のエゼルフレダは「マーシアの女王」（Lady of the Mercians）と呼ばれるようになります。そしてエゼルフレダの弟であるウェセックス王エドワード（長兄王）は、この姉と共にデーンと戦い、次第にデーンロウ地域の支配権を取り戻していきます。そしてエドワードの子、すなわちアルフレッドの孫のアゼルスタン王はついにヨークを占領し、デーンロウ地域の奪還は成就します。このアゼルスタン王の治世に、統一イングランド王国が姿を現すことになるのは、すでに見ました。

文人の大王

アルフレッドは改革をさらに推し進め、八九二年から八九六年にかけては新たにブリテン島に侵攻してきたデーン軍を撃退し、新生イングランド王国誕生への道を固めていきました。そして一〇世紀を目前にした八九九年一〇月二六日、世を去ります。ウェセックス王に在位すること二八年、五〇年の生涯でした。その亡骸はウェセックス王国の首都ウィンチェスターに葬られました。現在この町には、大王没後一〇〇〇年を記念して一八九九年に造られたアルフレッド大王の銅像が立っています。これぞ大王と、誰もが畏敬の念をもって見上げるような、見事な姿です。

デーンとの戦いの連続だったアルフレッドの一生。けれどもそんな中にあって、彼は学問的にも深い教養を見せました。広く知られているのがラテン文の翻訳です。教皇グレゴリウス一世の『牧者の心得』(*Regula pastoralis*)や西ローマの哲学者ボエティウスの『哲学の慰め』(*De Consolatione Philosophiæ*)、ヒッポのアウグスティヌスの『告白』(*Soliloquia*)といった古典を、アルフレッドは自ら古英語に翻訳しました。また本書でも参照の大黒柱にしているこの時代の英国史の根本史料『アングロサクソン年代記』の編纂事業も、アルフレッドの下で始められました。有名な『アルフレッドの法典』の編纂も彼は行っています。

こんな「文」を尊ぶ姿勢から、アルフレッドは側近たちにも学問の素養を求めたと伝わっています。家臣たちは学ぶことを怠ると地位を失いかねず、皆、戦々恐々としていたそうです。文の王としての厳しい側面です。

語り継がれてきたアルフレッド

そうはいっても、やはりアルフレッドは卓越した軍事指揮官だったことが、いの一番に語られるべきでしょう。まあ、アセルニーを出て「エグバートの石」に着いたアルフレッドが、たくさんの兵に歓呼の声で迎えられるあたりは、さすがに調子が良すぎる感はあります。何かこう、アルフレッドが反攻を開始したとたん、いきなり兵が湧いてきたような印象が、どうしても拭えないのですね。

実際問題、あの状態のウェセックスにそんなに兵が残っていたのでしょうか。デーンに押されに押されて、アルフレッドでさえ命からがら逃げてあの湿地帯に潜んでいたわけです。王国内の軍の体制や秩序はすでにバラバラだったのではないでしょうか。

でもこれは所詮、邪推なのでしょうね。長い時が経てば、事実を突き止めるのはとても難しくなります。むしろ、そのことがどう伝えられてきたのか。それが歴史になります。「エグバートの石」に大勢の兵が集まってきたことは、一一〇〇年以上も語り継がれてきました。これはもう、立派な歴史です。

エピローグ　七王国時代と『指輪物語』

七王国間の争いは中期まで

アングロサクソン七王国時代は中期まで、すなわちマーシア王国のオッファまでは王国間の覇権をめぐる争いが中心でした。この間はヘプターキーが最もヘプターキーらしかった時期といえるでしょう。エゼルベルト、レドワルド、エドウィン、ペンダ、オッファなど、活力にあふれた王たちが綺羅星《きらほし》のごとく登場し、彼らが先頭に立った抗争が、キリスト教を受容するか否かの命題も横軸に交えながら、ドラマティックに展開していきました。

それはまた、伝説と真実が重なり合った、霧の中に漂うかのようなミステリアスな時代でもありました。

——どこまでが本当なのか——。

それゆえ、実体のある歴史への橋渡しとなるような、考古学的大発見、例えば本書でも紹介した「サトン・フーの船塚」発見のニュースが、当時のイギリスの人々をどれだけ興奮させたかはよくわかります。あのヒロイックな年代は、やはり確実に存在していたのだと。

そして最近も、大きな発見がありました。二〇一九年五月九日、ロンドン考古学博物館（MOLA＝Museum of London Archaeology）のチームが、エセックス州サウスエンド近郊プリトルウェル（Prittlewell）の自動車道路脇で、一四〇〇年前の古い墓を発掘したと発表したのです。墓の規模と豪華な副葬品から、ここに埋葬された人物は王もしくは王族であることは確実で、具体的にはエセックス王サベルトの弟であるサークサ（Seaxa）ではないか、と考えられています。

サベルトといえば第I章で見てきたように、エセックス王スレッドとケント王エゼルベルトの妹リクラの間にできた子であり、弟のサークサも同じ両親から生まれています。父のスレッドが死ぬと、二人の王子のうち兄のサベルトがエセックス王位を継ぎますが、その後見人となったのが伯父であり覇王のケント王エゼルベルトです。この伯父によってサベルトは半ば強制的にセント・ポール寺院を立てさせられるのは既述の通りです。サークサはこんな兄王サベルトの片腕として、伯父エゼルベルトのケント王国の強い支配下にあるエセックスをよく支えたということです。

当初、ツタンカーメンの墓の発見にも比せられた（さすがに大げさですが……）このサークサの墓には、特徴的なことがありました。残念ながら埋葬者の遺体は長い年月が経ったためほとんど残っていませんでした。が、顔があった棺《ひつぎ》の位置に、金箔《きんぱく》で飾られた十字架が見つかりました。サークサと想定される被葬者の閉じた両の瞼《まぶた》の上にそっと置かれていたもので、この十字架から被葬者がキリスト教徒だったことがわかりました。他方、土盛りされた墳丘墓的形状、発見された種々の工芸品、そして木製の玄室といった墓の構造は、明らかにキリスト教以前の伝統的なアングロサクソンの様式を示していました。

つまり、キリスト教とアングロサクソンの両要素が混在するこのサークサの墓は、七王国中いち早くキリスト教に改宗したケント王国のエゼルベルトによって、キリスト教に半ば強制的に改宗させられたエセックス王国の、まさにそのときを垣間見る《かいまみ》ことができるタイムカプセルなのです。このように、絶え間なく続いているイギリス考古学界の尽力によって、七王国中期までの朧《おぼろ》げな時代も、刻々と明らかになってきています。

少々お節介かもしれませんが、七王国中期までの時代感覚を把握しやすいように同時期の我が国の歴史と対比しますと、エゼルベルトの即位は聖徳太子（厩戸王《うまやとおう》）が推古《すいこ》天皇ので政府の閣僚や国民にとってはハラハラする面でもあります。そういう意味でも、君主の名前は大事です。王の名がもたらす印象は国のイメージづくりに直結するからです。

前君主のエリザベスという名は、華やかで格調高い英国の外向けの顔に繋がりました。では、息子のチャールズはどうでしょうか。チャールズ――フランス語読みならシャルル。あのド・ゴール大統領もシャルル・ド・ゴールでしたし、かつてのフランク王国の大帝はシャルルマーニュでした。ドイツ語読みならカール、カール大帝ですね。ふむ。悪くはない。まあ、英国の例ではありませんが……。

と、かように王様の名前は大事なのであると、述べました。が、それにしても本書に出てきた王たちの名前は、私たちが普段馴染んでいる英国の王様たちのそれとは何と違っているのでしょう。エゼルベルト、レドワルド、エオルプワルド、ペンダ、シグベルト、エゼルウルフ、アゼルスタン等々。女性も、クウェンベルガとか、エゼルベルガ、リクラ、アクハ、エアンフレッドなど、ファンタジー小説の登場人物のような響きを持った名前ばかりです。

それはつまり、こういうことなのです。ブリテン島には、それぞれに異質な文化を持った人々がそれぞれ異なった時期にやってきて、その人たちなりの一定期間の統治の時代を創っていた歴史があったのだと。異なった時代に異なった名前を持った王たちがいたのは、このことの何よりの証明なのだと。

たとえばエリザベス（仏語：エリザベート）やチャールズ（同シャルル）、ヘンリー（同アンリ）、リチャード（同リシャール）、ウィリアム（同ギヨーム）等の君主の名前は、一〇六六年の「ノルマンの征服」の結果です。この年以降、フランス語のネイティヴスピーカーであるノルマン人という、ヴァイキングの末裔の「フランス人」たちが王様や貴族、上級聖職者といった国の支配層を独占し、イングランドの公用語はこれ以降四〇〇年近く、英仏百年戦争の後半くらいまでフランス語になってしまいました。王の名がフランス風なのはこのためであり、今も英語には莫大なフランス由来の語彙があります。

でも王の名の、全部が全部、そうなったのではありません。エドワードという名は、アングロサクソンの七王国時代からずっと続いています。その頃はエアドワルド（Eadwald）と発音されていました。以前、王族の名前でもエドワードについては、イギリス国民はある種特別の感情を抱くという話を聞いたことがあります。それは恐らく、イギリスという国の土台である七王国時代を、イギリス人が本能的にご先祖の時代として、なにがしかの敬意を抱いているることの表れなのでしょう。

エドワードだけではありません。エドウィンも、オスワルドも、エドモンドも、アルフレッドも現在の英語圏の名前において生き続けています。筆者は、二〇一二年から一八年まで広島東洋カープにいたブラッド・エルドレッド選手の名前に、「エルドレッド、おお、アングロサクソンの名だ」と勝手に嬉しくなったことがあります。そんな名の人々がいた、本書で語ってきた七王国時代。そして八人の王たち。いかがでしたでしょうか。何せ史料が大してない時代ですので、物語風になるのは否めませんが、楽しんでいただけましたなら、筆者としてはこの上ない喜びです。

本書を書くに際しては集英社新書編集部期待のニューフェイス井上梨乃さん、豪腕の吉田隆之介さん、そして最高の統括パーソン、新書編集部部長の西潟龍彦さんお三方に大変お世話になりました。心より御礼申し上げます。またいつも書き上げた拙稿の最初の読者である良きアドバイザーの妻に感謝です。そしてもう一五歳になる筆者の相棒ミニチュアダックスフントのナナ、いつもパワーをありがとう!

二〇二四年一月

桜井俊彰

参考文献等

Abels, R. P., *Alfred the Great: War, Kingship and Culture in Anglo-Saxon England*, Longman, 1998

Attenborough, F. L., trans. and ed., *The Laws of the Earliest English Kings*, Llanerch Publishers, 2000

Bassett, S., *The Origins of Anglo-Saxon Kingdoms*, Leicester University Press, 1989

Blair, P. H., *An Introduction to Anglo-Saxon England*, Cambridge University Press, 1959

Branston, B., *The Lost Gods of England*, Thames and Hudson, 1974

Campbell, J., John, E., and Wormald, P., ed., *The Anglo-Saxons*, Penguin Books, 1982

Garmonsway, G. N., trans. and intro. and ed., *The Anglo-Saxon Chronicle*, Everyman's Library, 1953

Cohat, Y., *The Vikings, Lords of the Seas*, Thames and Hudson, 1992

Evans, A. C., *The Sutton Hoo Ship Burial*, Revise ed., The British Museum Press, 1994

Giles, J. A., and Habington, T., trans., Gildas: On the Ruin of Britain http://www.heroofcamelot.com/docs/Gildas-On-the-Ruin-of-Britain.pdf（accessed 16th Nov. 2023）

Higham, N. J., *The Death of Anglo-Saxon England*, Sutton Publishing, 1997

Jones, G., *A History of the Vikings*, 2nd ed., Oxford University Press, 1984

Keynes, S., and Lapidge, M., trans. and intro. and notes, *Alfred The Great: Asser's Life of King Alfred and Other Contemporary Sources*, Penguin Books, 1983

Kirby, D. P., *The Earliest English Kings*, Revised ed., Routledge, 2000

Lapidge, M., Blair, J., Keynes, S., and Scragg, D., ed., *The Blackwell Encyclopaedia of Anglo-Saxon England*, Blackwell publishing, 2001

Loyn, H. R., *The Vikings in Britain*, St. Martin's Press, 1977

Mcclure, J., and Collins, R., ed. and intro., *Bede: The Ecclesiastical History of the English People*, Oxford University Press, 1994

Mitchell, B., and Robinson, F. C., *A Guide to Old English*, 5th ed., Blackwell Publishers, 1992

Morris, J., ed., *Nennius: British History and The Welsh Annals*, Phillimore, 1980

North, R., *Heathen Gods in Old English Literature*, Cambridge University Press, 1997

North, R., and Allard, J., ed., *Beowulf & Other Stories*, 2nd ed., Pearson/Longman, 2012

People of the British Isles https://peopleofthebritishisles.web.ox.ac.uk/（accessed 16th Nov. 2023）

Rivers, T. J., trans. and intro., *Laws of the Alamans and Bavarians*, University of Pennsylvania Press, 1977

Sawyer, P. ed., *The Oxford Illustrated History of the Vikings*, Oxford University Press, 2001

Stenton, F. M., *Anglo-Saxon England*, 3rd ed., Oxford University Press, 2001

The chronicle of Henry Huntingdon https://archive.org/stream/chroniclehenryh00henrgoog#page/n8/mode/2up（accessed 16th Nov. 2023）

Whitelock, D., ed., *English Historical Documents c. 500-1042*, Eyre & Spottiswoode, 1968

Who do you think you really are? A genetic map of the British Isles
https://www.ox.ac.uk/news/2015-03-19-who-do-you-think-you-really-are-genetic-map-british-isles
（accessed 16th Nov. 2023）
Yorke, B., *Kings and Kingdoms of Early Anglo-Saxon England*, Routledge, 1992
100 Greatest Britons（BBC Poll, 2002）
https://www.geni.com/projects/100-Greatest-Britons-BBC-Poll-2002/15375（accessed 16th Nov. 2023）

アッサー、小田卓爾訳『アルフレッド大王伝』中公文庫、一九九五年
トゥールのグレゴリウス、杉本正俊訳『フランク史　一〇巻の歴史』新評論、二〇〇七年
フレデリック・デュラン、久野浩・日置雅子共訳『ヴァイキング』白水社、一九八〇年
ベーダ、長友栄三郎訳『イギリス教会史』創文社、一九六五年
青山吉信編『世界歴史大系　イギリス史1』山川出版社、一九九一年
岩村等・三成賢次・三成美保『法制史入門』ナカニシヤ出版、一九九六年
富沢霊岸『イギリス中世史─大陸国家から島国国家へ』ミネルヴァ書房、一九八八年
長埜盛訳『ベーオウルフ　散文全訳』吾妻書房、一九六六年
「萬國新聞紙」『幕末明治新聞全集2　文久より慶應まで』世界文庫、一九七三年

桜井俊彰（さくらい　としあき）

一九五二年、東京都生まれ。歴史家、エッセイスト。一九七五年、國學院大學文学部史学科卒業。一九九七年、ロンドン大学ユニバシティ・カレッジ・ロンドン（UCL）史学科大学院中世学専攻修士課程（M.A. in Medieval Studies）修了。著書に『イングランド王国前史』『消えたイングランド王国』『スコットランド全史』『イングランド王国と闘った男』『長州ファイブ』など多数。

戦国《せんごく》ブリテン　アングロサクソン七王国《ヘプターキー》の王《おう》たち

集英社新書一二〇〇D

二〇二四年二月二一日　第一刷発行

著者……桜《さくら》井《い》俊《とし》彰《あき》

発行者……樋口尚也

発行所……株式会社集英社

東京都千代田区一ツ橋二-五-一〇　郵便番号一〇一-八〇五〇

電話　〇三-三二三〇-六三九一(編集部)

〇三-三二三〇-六〇八〇(読者係)

〇三-三二三〇-六三九三(販売部)書店専用

装幀……原　研哉

印刷所……大日本印刷株式会社　TOPPAN株式会社

製本所……加藤製本株式会社

定価はカバーに表示してあります。

ISBN 978-4-08-721300-3 C0222

Printed in Japan

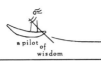

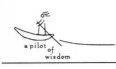